珍藏版

Relationship Therapy

拥抱你的
内在小孩

亲 密 关 系 疗 愈 之 道

[美]　罗西·马奇-史密斯　　著
（Rosie March-Smith）

鲁小华　等译

机械工业出版社
CHINA MACHINE PRESS

图书在版编目（CIP）数据

拥抱你的内在小孩（珍藏版）/（美）罗西·马奇－史密斯（Rosie March-Smith）著；鲁小华等译 . —北京：机械工业出版社，2020.1（2025.4 重印）

书名原文：Relationship Therapy

ISBN 978-7-111-64147-6

Ⅰ. 拥…　Ⅱ. ①罗…　②鲁…　Ⅲ. 人际关系学－社会心理学　Ⅳ.C912.11

中国版本图书馆 CIP 数据核字（2020）第 063519 号

拥抱你的内在小孩（珍藏版）

出版发行：机械工业出版社（北京市西城区百万庄大街 22 号　邮政编码：100037）

责任编辑：彭　箫

责任校对：李秋荣

印　　刷：保定市中画美凯印刷有限公司

版　　次：2025 年 4 月第 1 版第 16 次印刷

开　　本：147mm×210mm　1/32

印　　张：6.75

书　　号：ISBN 978-7-111-64147-6

定　　价：59.00 元

客服电话：（010）88361066　68326294

给所有身处关系之中

对探索关系、提升关系质量

感兴趣的人

愿你们心生喜悦，并有所收获

内在小孩

　　每个人小时候大致都经历过一些创伤，没有一个孩子的成长过程是完美的。

　　这些创伤来源不一，可能是被拒绝、活力能量受压抑、麻木不仁、缺乏温暖、紧张、受虐、被比较、被苛责、被批判……

　　这些创伤中最大的挫折，是**不被支持做原来的自己，而被制约成为别人**（父母、老师、整个社会）**所期望和要求的人**。

　　带着这些制约，我们的纯真、美好、爱心、信任开始瓦解，不复存在——

　　纯真变成多虑

　　信任变成不信任

　　自然流露变成精神崩溃和自我怀疑

　　热忱变成担忧

　　生机盎然变成沮丧和缺乏活力

　　抒怀变成催促

　　自然地主张权利变成好战或无法保护自己……

　　这些清单列不完，而我们就在这些过程中受伤了。内在受伤的脆弱情感层，形成了一个脆弱受伤的小孩，无法长大……

⋮

目录

对生存来说，任何关系都必不可少

我们早已扩大了笛卡尔对个人存在，即"我思故我在"的定义，但当我阅读罗西的书时，却不由自主地想起这个定义。我想从个人的理解出发，以"相关"代替"思考"来形容她的主题，尽管我不喜欢这个短语："与我有关，故我在。"（I relate, therefore I am.）虽然开始听着觉得很别扭，但我还是愿意继续这么使用。孤独的、精神分裂的人看上去是无法与其他人建立联系的，但他们清楚地存在自我意识和个人存在感（personal existence），这样的个体依然与自己或其他非人客体是有联系的，即使这种联系很窄。**对生存来说任何关系都是必不可少的。**

相关性（relatedness）是关键因素。我和你们（读者）之间也需要相关性。虽然关系治疗显然是本书的主题，但"相关性"本身比

"关系"（relationship）更为宽泛。作者通过这本书清楚地说明了相关性以及关系。她论证了我们目前的态度、愿望、恐惧和行为中有多少是由不可知的历史经验控制的。**当下的情景并不是新的，而是我们经历过的事情的重复发生，无意识要对这种情景做出反应，这就是弗洛伊德的"被压抑的回归"**，或是温尼科特的精准观察，即恐惧崩溃并不是一种新的体验，通常在很久前就体验过。"根据我的经验，有那样的时刻，患者需要被告知，那种崩溃——他害怕自己的生活被毁掉的恐惧已经发生了，这是事实，以一种隐藏的方式发生在潜意识中。"

罗西融合了不同的治疗理论且应用于实践，给人们留下了极为深刻的印象。她可以采用各种途径来对潜藏的事情进行阐述、修通以及工作。一名综合型医生或治疗师如何才能轻松融合两种治疗方法，罗西无疑是一个极好的例子。找到许多不同角度的文献实属难得，这不是折中主义，而是在她书中看到了严谨的思想融合、微妙的见解，以及与主题有关的工作。罗西不同寻常的写作风格在于她会采访一些没有公开个人故事和经历的人，她采访的原话与援引资料的数量不相上下。书中对于普通人和专业咨询师的融合令人耳目一新，也与她的主题密切相关。

罗西运用这种方式，突出不同部分的相关性。**充分重视与他人的融合是重要的，但尽可能将我们自身不同方面进行联结同样重要**，这称为次人格（subpersonalities）或内在客体（internal object），或任何令你感到习惯的称呼。罗西在书中重点强调这种在我们内心世界不同部分之间建立关系的必要性。此外，罗西也论述了内部关系与外部关系的相关性，见第4章。接着，她特别提到了亚斯伯格综合征（Asperger Syndrom）[⊖]以及这种病症如何影响到夫妻关系，这也是这种类型的书的一个特点。在接下来的章节中，罗西提到一个非常重要的主题，即对前一代人和后一代人来说，代际间的内在关联要大于外在表现。相关性存在于一切之中，这需要治疗师多角度、多层面地体会和感悟。

毋庸置疑，治疗师和来访者间的关系是心理治疗行业的核心。罗西作为一名治疗师，从她所掌握的案例中就可以感觉其经验丰富，更为显而易见的是，从她的干预中可以清楚地看到她与来访者建立关系的能力。关系随处可见，我们需要对相关性有所思考。在思考个体同一性（personal identity）的问题时，笛卡尔脑中或许还没有整体构想，不过思考本身也是一种相关。第7章讲述了思考和挑战先前假设的重要性。这是一本值得细细品味的著作。

同样，我也没有忘记"相关"作为动词可以表示讲故事。作为一名作家，罗西讲述的故事精彩纷呈，读者读起来欲罢不能。这本书使我想起了许多事情，那些我已经知道但是没有投入足够重视的事情，同时也促使我反思，这本书**不仅可供初学的治疗师和经验丰富的专业**

⊖译者注 属广泛性发展障碍症，与自闭症有相似之处，也有专家认为亚斯伯格综合征是自闭症谱系中程度较轻的一种。

治疗师学习，也可以是来访者和有兴趣的大众人群的手边书。

　　这本书的显著特点需要得到进一步探究，只有不拘泥于其中的一个部分，才能了解关系整体如何运行。关系相互连接，呈现出交织的网状结构，这方面在 8 个章节中会有讨论。我曾形容这像是翻花绳——我们儿时玩的编绳游戏。翻花绳在创造性张力中保持着不同的样式，一旦绳子有丁点儿松懈，整个形状就会散架。潜意识的影响、次人格、亲子关系的遗产、思考模式、情绪回应、历史和家族传说，所有这些甚至更多的事物可以弥补我们之间的联结方式，实际上，网络中的每根绳子都彼此相互影响。

迈克尔·雅各布斯

心理动力学疗法创始人之一

所有关系的根源，是人与自身的关系

我从事团体心理辅导与治疗教学、研究与临床实践已经二十多年了，在这些年中，我深信团体动力是团体的灵魂，如果用通俗易懂的语言来解释团体动力，那就是团体中各种关系的集合，包括个体与个体、个体与团体、个体与团体领导者之间的互动，这些关系彼此交织、错综复杂，塑造了不同的团体生命，宛若不同的化学成分发生不同的化学反应，创造出不同的产物。

团体动力极其复杂，而其本质是关系，所有这些关系追根溯源还是人与自身的关系，遵循系统观的团体心理学家认为人自身就是一个系统，就是一个团体。**人与自身的关系经由不同的机制，投射也罢，移情也罢，投射性认同也罢，总之是把自己放到了他人的身上，从而把和自身的关系变成了和他人的关系，然后通过和他人的**

关系来处理和自身的关系。这也是团体治疗优于个体治疗的优势之一，团体中有更多的刺激点，引发出不同层面的自己。

团体中错综复杂的关系不仅是个人内部关系的外化，而且是个体生命中经历的第一个团体，也就是家庭的外化，有觉察力的个体会在团体中找到自己熟悉的家庭的影子，进而有机会重新认识早年家庭对今天的自己带来的影响。

当我的博士生鲁小华对我说她想翻译本书的时候，我建议她先了解一下书中所提的"关系"是怎样的概念。当她告诉我了解的结果之后，我非常支持她翻译这本书，并让我们临床与咨询心理学实验室的其他研究生也参与进来。因为我知道，**这本书的内容将对我们理解人与人之间的关系有很大帮助**，进而对理解团体中的各种关系有所助益。因为书中的内容，正是以上我在团体中思考内容的理论基础。

作者用通俗易懂的语言讲述了复杂深奥的道理，一个个生动的案例淋漓尽致地呈现了各个人物早年生活中的经历、潜意识的力量，以及能力在当下的关系中所起的作用。

我很高兴这本书能与读者见面，也为我优秀的学生在翻译过程中的彼此配合、用心投入、倾力合作深感欣慰。相信这本书会令所有身处关系之中，对探索关系、提升关系质量感兴趣的人，心生喜悦，并有所收获。

樊富珉

译者序

痛苦，是通往幸福亲密关系的必经之路

当本书的策划编辑问我对翻译本书有无兴趣时，吸引我的不是"疗愈"，而是"关系"。

2001年我开始正式学习个体心理咨询与治疗，后来又开始学习团体辅导与治疗，我被一个共同的核心因素迷住了，那就是关系。跟着咨询室中的关系走了一段时间，我又发现，咨询室中的关系是所有关系的缩影。来访者或者说"患者"所呈现出的关系，其实是所有关系的精华。理解了来访者的关系，也就能够理解生活中我们自己的关系了。

本书作者正是通过这样的思路向我们娓娓道来的，在我们面前不紧不慢地展开了一幅幅关系的画面。

没有人会否认自己生存于关系之中，**哪怕你在静思的时候，**

也是处于和自己的关系之中，团体心理学家会说自己本身就是一个团体。你当然不会忘记，有时候，你会和自己打架，你痛恨自己坐失良机，你埋怨自己犹豫不决，你挣扎着想努力工作却力不从心……

关系无处不在，而关系从何而来？这看似是个哲学问题，就像人从何而来一样，一不留神，就会陷入无止境的无限循环之中。但关系较人而言更为具体，罗西是一位经验丰富的临床心理学家，她以一个个生动的案例向我们呈现了关系是如何在早年经历中内化形成，又是如何在成年后的关系中再现，并影响到关系质量的。**人们深陷苦恼却毫无头绪，直到明白了当下的关系如何被早期关系所影响，才明白了当下的痛苦从何而来。**

可以用"关系的复制"来概括本书的主题，而这一点也是我在多年实践和受训过程中思考的一个问题，在本书中找到了验证。本书以亲密关系来浓缩关系，且更多以夫妻关系中的冲突来呈现，这在我们的日常生活中几乎天天可见。俗话说三年之痛，七年之痒，痛也罢，痒也罢，却原来不是对方的错，而是我们双方的共谋，我们诱导对方进入我们早年的剧本，同时也进入了对方的剧本。

痛苦，是通往幸福亲密关系的必经之路，正是经历了痛苦，面对了痛苦，知道痛苦源于自己的内在，然后修通了关系，才开始了真正的亲密关系，进而和周围人拥有健康和谐的关系。

书中有一段话，我很喜欢，"佛教徒严肃地对一对即将结婚的新人说：婚姻过程中有三枚戒指（ring），即订婚戒指、结婚戒指和痛苦戒指（suffering）。在这个时代，当人们不再需要铂金项链的时候，我们知道，‘痛苦’要开始成为婚姻的全部了。然而，如果没有痛苦，我们可能不能学会理解，不会获得成长和发展的机会，不能战胜可怜的小概率，不会有改变的希望。实际上，我们可能不会和任何真实的物质有联系"。我想这段话道出了成长的真谛：**内在，是与自己斗争的过程；外在，是与亲密的人斗争的过程；直至达成和解，达到内在的自我和谐，外在的人我和谐。**

我想可以通过这样的线索来理解本书的内容：第1章描述潜意识中的控制者（恶魔和支持者），第2章描述我们关系中的核心议题，第3章描述我们的次人格，第6章描述代际的影响，通过这四章的内容，我们可以从理论上理解"关系的复制"。第4章描述有神经症的夫妻，第5章描述亚斯伯格综合征等存在关系障碍的人，第7章描述了共谋的代价，通过这三章的内容，我们可以更为清晰地了解在不同的关系中如何与人相处。第8章描述了成功的关系，谈及了妥协与迁就，在此我不禁想起一句话，大意是说，两个相爱的人，必定是放弃了自己的一部分来接受对方的一部分。放弃的，也许是内在不适应的那部分自体客体，从这个角度来讲，我们从外界找到了一个客体，通过和这个客体的纠缠关系来认同我们内在的自体客体，进而修正它，通过外在客体和内在客体的融合，进而成为完整的"人"。从这个意义上讲，我们要感谢生命中所有的亲密关系，或者说所有的关系。

感谢我的导师樊富珉教授同意我牵头翻译这本书，感谢师姐、师弟、师妹们的辛苦工作，其中张娜翻译了第 1 章和第 2 章，阎博翻译了第 3 章，第 4 章是由阎博、余玲艳和杭承政共同翻译的，余玲艳翻译了第 6 章和第 7 章，杭承政翻译了第 8 章，第 5 章是我们全体共同翻译的。我对照原文对全书的翻译进行了校对，就翻译上的分歧与大家进行沟通，并予以统一。在这个过程中我深切感受到了集体的力量，感谢樊老师实验室所有的兄弟姐妹，我们在一起工作得很开心。

感谢本书的责任编辑，在与她合作的整个过程中，我增强了对本书翻译质量的信心。

感谢机械工业出版社的策划编辑，没有她，便没有我与这本书的缘分。

谨以此文献给我的父母，没有父亲一直以来的鼓励和母亲一直以来的呵护关照，我今天不会坐在这里写下这篇文章。

谨以此文献给我的先生和儿子，在与他们的关系中，我成为我自己。

相信本书会令你获益，不管你是心理咨询专业人士、心理学爱好者、企事业单位的员工还是家庭主妇，只要你生活于世，你便在关系中，只要你关注了你的关系，本书便会对你有益。

罗西的文字中颇多美国俚语、方言，很多地方我们虽绞尽脑汁却依然只能意译，翻译之中难以十全十美，不足之处敬请读者谅解。

鲁小华

前言

　　我们几乎每天都会谈论关系困扰，在办公室、学校、酒吧、更衣室、度假村甚至卧室。大概没有人会否认这是这个时代的悲哀。如果按这个趋势持续下去，英国近半数的婚姻会以离婚告终，成为欧洲离婚率最高的地区，甚至高于美国。我们大概能够预计未婚夫妇的分手率，包括男女同性恋和双性恋者。为何会有如此多的关系产生破裂？究竟是什么原因令爱变成一种绝望？

　　男性和女性相信令他们坠入爱河的人是"对"的人，是能够长期相互照顾的伴侣。显然，对许多人来说，造成悲剧结果是由于一些问题的潜在原因从未被意识到及深层次地探究过。**在多数情况下，关系破裂是由于伴侣一方或双方处于童年时期未妥善解决的问题的状态中**。这些问题迫使夫妻双方在多重危机中寻找自我，被另一半的行为所伤害，似乎对问题的任何部分都无法理解。这些未解决的事件也会影响他们与伴侣之外的其他人互动。

这本书不仅仅关注夫妻问题，关系困惑出现在人类世界的众多范畴：兄弟姐妹、子女、父母、同事等。如果任其发展，儿时未解决的议题将不断出现。人们痛苦的程度常常决定其是否会寻求专业帮助，这通常也是促使危机化解的开端。

作为一名使用综合方法的心理治疗师，我开展咨询工作已有近 20 年，针对个体工作（大多数在关系治疗方面），同样也会与关系出问题的夫妻一起工作。然而，**大多数人并没有觉察到这些问题会受久被遗忘的童年期的缺失的影响。在混乱和绝望的外部世界里，挣扎是显而易见的**。然而，这个状况背后的驱动力是源于无意识的"控制者"，即人们自身分裂的部分，与成人自体（adult self）失去联系，并通过"固着"（frozen in time）的儿童观点来工作，从而保护自己免遭进一步的伤害。他们在内心虚构了一个神秘的戏剧人物，拥有无穷的力量，可以毁坏伙伴关系，破坏后代或兄弟姐妹间的亲密关系，能够抛开爱情和友情，最重要的是影响到自己与自己的关系。

如果这些隐藏的控制者不被发现并被整合进精神之中的话，它们最终将控制我们所有关系的构成或性质。**它们不分昼夜地工作，他人无意的动作会勾起它们的反应，它们自己的思考过程也会勾起它们的反应**。只有当这种制约在一定程度上被意识到了，人们才会对此有所理解，这也是咨询师和心理治疗师的关键任务。

来访者需要对可能有进无出的未知领域做好准备，或许会不得不和冷嘲热讽的另一半进行斗争。接受自己存在未知的自我部分，且这部分自我在每日的生活中以未经觉察的方式工作着，是件棘手的事情，所以来访者必须积攒足够的勇气。他们也需要一种对所学知识进行反思的能力，建立联系并有意识地识别剧中人物何时及如何出现，这或许就是全新的情感结构建立的契机。

层 层 析 出

大量的研究表明，近 3/4 的思想是潜藏的，1/4 的思想运行着我们每日的生活。当心理危机发生时，仅仅依靠这一小部分的想法是不够的，往往要通过分析那些潜藏的部分来获得答案。逐步剥开埋藏在无意识层面的想法是传统临床治疗使用了近一个世纪的较好的方法。古典分析方法无可非议，但需要长程治疗及高额花费。

我和使用综合方法的同事在这个过度扩张的社会里找到了许多行之有效的方法（大部分基于分析法）。这些更加折中的方法支持了本书的主题：在一个相对短的时间内发现核心问题，以及回顾过往的绝对必要性。你可以说我们关注的不是果实，而是根。在治疗领域，这样的论点与较新的规则相比或许有些过时了：认知行为疗法就是一个例子，它更多关注的是如何解决当下的问题。

认知行为疗法因其清晰的工作模式，要求来访者列举清单以及完成家庭作业，被国家公共医疗卫生服务支持，也被认为是很好的治疗方法。不过世间没有万灵药，有时效果并不如预期的那样好。正如《意识与潜意识》中指出："瞬间闪入脑海的想法或许会错失这种烦恼事件本身的意义……我们需要同时解决事物表面的烦恼（负性自动化思维、意象）以及更深层的'根'（潜在信念和假设）。"

在我最初开展实践工作的时候，来访者多年持续接受咨询是很正常的现象。目前，这种需求悄然转变为直面问题的短程心理治疗方式，特别是紧急个案，核心问题通常在最初几个小时内就会出现，这时不应该暂时搁置，等以后再进行更深入的探索了解。分析方法简练而经典，理应地位显赫，然而实用性的做法更加立竿见影。根本原因很快显现出来是有可能的，甚至在有限的时间内达到令人满意的全面洞察。目前，产生于 21 世纪的心理渗透现象是否会加速甚至引起更快速的干预，随后介绍的案例研究会更好地说明这一观点。

下 一 代

第一个与我们建立关系的是父母或抚养者。如果童年经历过缺失，那么他们在抚养孩子时会带入复杂或痛苦的信息，最终可能使我们也遭遇同样的缺失。**我们有时始终无法预测妈妈或爸爸的心情，我们会努力在家中维持和平局势，不管采取什么措施（通常是顺从，或对某些人格类型来说是情感固化）。这种失控行为日后会毫无保留地印在脑海中。一代又一代人遗传了这种模式，**正如理查德·马德利在他的传记《父与子》中形容的。本书第 6 章会有讨论。

如果我们足够幸运，继承了更加有觉察的抚养，那么我们或许已经渐渐远离那种过度自愿地取悦他人；鼓励着说出我们的负面感受而不必担心受到惩罚，小心地保护着免遭羞辱。如果我们是少数的幸运儿之一，沐浴在精神分析学家温尼科特的著作《家是我们出发的地方》中提到的"足够好的母亲"的抚育之下，我们甚至或许已经得到支持，在恰当的场合表达全部的感受，学会了适当克制过度的善良，掌握了如何毫无惧意地自信地迈向外部世界；因为理解他人而不会伤害他人，以及取悦人是源于爱而不是恐惧。

我们恐惧排斥，因为我们是群居动物。在原始社会，人类的生存基本依赖于这种方式。独自生活将灭亡。正如威尔·舒茨在《欢愉，拓宽觉知力》一书中所说："抛弃和孤独这些基本的恐惧可能是所有恐惧中最令人害怕的。"**这种基本的对抛弃和拒绝的恐惧迫使我们伪造一个可接受的虚假自我展现给外界，将不可接受的自我禁闭在内心更黑暗的角落里。在生命的某个时刻，这些分裂的部分有再现的倾向，要么毫无知觉，要么如火山般爆发。**心灵修复在于理解为何我们会无意识地分裂这些部分，因此在通常情况下我们会直接或间接关注有问题的关系。

当新的来访者表示"这是一个顿悟的瞬间！现在我明白所有这一切都是怎么回事了"的时候，他们便真正有可能清楚他们的痛苦或困惑了；也许会造福子孙后代。对于更早期的来访者，（多年之后）他们会慷慨地分享自己顿悟的细节。我撰写的内容，包括他们的匿名案例研究和追踪访谈，希望可以显示出心理治疗工作是一项多么深入的工作，并进而转换为描述关系破裂。

致　　谢

　　作为一名记者，具备写故事的本能是很重要的。当我研究这本书的时候，这种本能又幸运重回为我所用。男人和女人的世界通常相隔千万里，他们带着丰富的可供挖掘的"伤痕"（seams）资源，从各自的世界中出现。

　　我要感谢他们以及其他新老朋友。他们开心地接受了采访，大方地讲述自己的故事，坦诚地与我分享个人经历。我理应公开真挚地感谢他们提供的这些礼物，很遗憾由于保密条约我不能公开他们的真实信息。不过，他们是知道自己是谁的。他们对精神财富的慷慨大方使我深受其惠，在此衷心表达对他们的谢意！

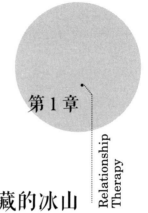

第 1 章

Relationship
Therapy

隐藏的冰山

　　人类的心灵恰如一座冰山，小小的一角显露在外，庞大的部分却隐藏在未知的神秘中。呈现出来的痛苦，无论愤怒、委屈、恐惧抑或悲伤，或许你从来都不曾知道它背后隐藏的真正原因……

　　如今有一种普遍观点认为，我们心灵的很大一部分是隐藏的。正如冰山只显露出它的尖端一样，无意识占整个心灵的2/3，并且有时候会像冰山那样构成威胁。无意识也可以是一个美好的支持者，是那个在我们不能够回答时它却知道所有答案的令人着迷的朋友，前提是我们学会如何问问题。它通过梦境、表象、直觉、感受和记忆来呈现，它巨大的储存能力可以和一个极度先进的计算机相媲美。它告诉我们的身体如何工作，它提醒我们那些被我们忘记了的紧急任务，它记录我们所做过的和感受过的一切。

　　如果这还不够令人印象深刻，那么不管我们这个神秘王国的操作方式看起来多么随机，量子物理学家约翰·哈格林（John Hagelin）告诉我们（2006）："我们正在使用的最多也就是人类心理潜能的5%。"但是，正如那充满凶险的冰山一样，这强大的具有创造力的心理能够用它令人费解的力量使我们幸福的希望下沉。如何来解释这充满冲突的状态？为什么一个人可以接近他心灵的深处，而另一个人却在挣扎？如今来看，在我们人类潜能在某种程度上得到揭示之前，我们都处在未知之中。

　　我们知道，恐惧和不安全感是两个主要的揭示不快、消极感受的无意识表现。正是这种理解能够将今天的实践者带入一潭相对熟悉的水中，和来访者富有成效地工作，致力于在隐藏的控制者施加影响时抓住它们的意义（像早期先驱们所做的）。可是，除了对隐藏之域中那些更加温和的控制得以一瞥，我们对于敲击或者揭示人类心理更加神秘的部分仍然是无力的。因为心理治疗在一个世纪前才得以开展，我们可能不得不等待另外一个百年，去发现在我们心灵表层之下的丰富世界，以及我们如何有意识地与它们取得联系。

同时，我们可能开始使用拥有的信息去勾勒一些不寻常的个案，从而对不寻常的各种现象有一个简单的了解，这些现象已经在我的咨询室中某些个案身上表现出来了。部分材料和咨询或心理治疗直接相关；部分并不是这样，显然不是从第一眼看上去就相关。但是，我们至少应该承认我们心灵表层下十足的复杂性，将它们比作冰山、海床、岛屿或者地球上的根，并且承认这些线索的重要性。

办公室问题

Leo 是一名商务顾问，他意识到自己在会议期间过于频繁地去厕所，且会议的重要性和膀胱的需求有着奇怪的联系。这个问题变得非常严重，以至于促使他寻求治疗帮助。"我受到了恐慌的袭击。"他悲伤地说，"这太难处理了，因为它们会发生在我开车去上班的路上以及办公室里。我知道这些恐慌和膀胱的微弱控制都与压力有关，但是它们正在毁掉我的晋升机会。我担心同事们会质疑我的稳定性。这些也在严重地影响我的婚姻生活，我的妻子无法理解我怎么了，以及我为什么不能像个男人一样战胜恐惧。"

随着我们探讨他现在和以前的经历，一幅图像浮现出来了，那就是他从来没有过很高的自信心；他在学术上是一位高成就者，但是在社交环境中非常焦虑和害羞。以前在学校中遭受的欺侮令他非常不快且害怕，但是他坚持完成了学业，并且考入了大学，获得更高的学历。几年之后，他结婚了，即使有一点点担心，但看起来他对自己的新生活十分满意，他能够偿还得起之前"抵押"的一大部分。

当办公室中的压力激化了他的需求时，Leo 开始害怕因为表现不好而降级。在公众面前丢脸的可能性（失去工作或同辈间的玩笑）是令他不断挣扎的附加负担，尽管到目前为止没有人对他有任何评论。他遭受的恐慌袭击残酷地增多。他甚至开始在办公室里穿着尿不湿。广场恐惧症成为另一个问题：他不敢去超市，害怕待在空阔的场所，他还很害怕在收银台前突然恐慌，在顾客长队的前面，他害怕自己需要扔下手推车而跑去厕所。他的妻子对于他成为一个可靠的伴侣感到绝望。在这个时候，Leo 准备好尝试心理治疗。

在第二次会面中，我们聊了他的童年。是的，确实发生过尿床（他的父母非常严格，他那时是一个敏感的小男孩），但是这种分析在我们的工作中并没有什么效果，因为尿床现象在正常的期限内消失了。看起来更像是这些创伤和 Leo 早年生活中的不可预测事件联系在一起了，可能是某个紧急的本能需求置他于极度尴尬之地。

"想象户外运动，可能是在玩耍或在运动，是不是回忆起什么经历，你十分想去小便，但在当时这并不是一个好主意？你和父母在外面的时候你尿湿了裤子，可能他们对你非常生气？想象那种恐惧——在你特别想上厕所却因为附近没有厕所而不能去的情况。"Leo 突然有了答案。他看上去非常吃惊，随着长时间遗忘的片段突然在脑中冒出，在 30 年之后，直到剧烈的压力迫使他来做治疗，这些片段才被解锁。

　　那是一次学校话剧演出。我 5 岁，扮演彼得·潘，穿着那种长筒袜和袍子。我肯定是在台上太紧张了，狠狠地尿湿了裤子，显然还滴在了舞台上，在我的长筒袜上有一大块潮湿变色的痕迹。观众哄堂大笑，我感到非常丢脸和难过，也许没有注意到他们大概是同情我的。真正伤害我的是父母在那之后告诉了家里其他人那件事有多么好笑。这事还没完呢，他们还会当着我的面去告诉别人，他们总是在嘲笑我，我猜是因为这件事对于他们来说特别好笑吧。但这次经历一点儿也不搞笑，我非常困惑。

　　这呈现出目前问题的核心，是在几次治疗会面中达成的。Leo 报告说他的惊恐发作消失了（在后几周里我们都觉得他需要巩固重新找回的自信），而他对舒缓休息的需求也降低到了正常水平，并且广场恐惧症也不再构成麻烦了。他在一年之后给我打电话，仍然在汇报好消息。最重要的是，他的自尊和显著的工作自信让他得到了晋升而非解雇。

　　他的婚姻进入了新的维度，不仅仅是因为 Leo "更像一个男人，一个大男人"——如他自豪地重复他妻子说的话，而且因为他发现婚姻关系从他的全新洞察力中获得了某种益处，他比以前任何时候都更愿意去谈论并承认自己偶尔犯的毛病和不自信。他的治疗对伴侣关系的影响是我们都没有预期到的。

这里我们对发射痛苦信号的隐藏的控制者有一个阐释，因为在外部世界中他感到的压力有着强大的"舞台"共鸣：那种威胁，对丢脸的恐惧。那些休眠的痛苦记忆需要显现出来，因为它们开始严重影响他的生活了。最初在 Leo 看来，恶魔般的表现简直要了他的命。弗洛伊德了解这个，他在 20 世纪 20 年代就说过："被恶魔占据的案例和当今的神经症类似。在那时被我们认为是邪恶精神的，是基本的邪恶的愿望，是曾经被拒绝或压抑的冲动的衍生物。"

陪 伴 导 游

我们有一种更新的且更具有说服力的观点，来自新荣格主义分析师詹姆斯·希尔曼（James Hillman），他描述我们的魔鬼（demon）为邪神（daimon），柏拉图和希腊人在指代心、精神或者灵魂的时候，也是这样描述的。希尔曼是《灵魂密码》（*The Soul's Code*）的作者，他告诉我们柏拉图相信灵魂会选择它自己的特定命运，从出生之后就受到一个邪神的守护，"神圣的、清楚的、完整的"，并且它的行动就像是一位陪伴导游，它记得它的呼唤。希尔曼继续说道：

> 这位邪神提醒者以很多方式工作。邪神会激发动机，它会保护，它发明并且坚持固执的忠贞。它抗拒妥协的合理性，尤

其是在它遭到忽视或者反对的时候，它常常强迫它的负责人做出异常举动。它提供舒适，能够将你拉进它的外壳之中，但是不能容忍天真。它能让身体生病。它跟不上时代的步伐，在生命之流中发现所有种类的瑕疵、鸿沟以及扭结，而且它喜欢这些。它和谜有着相似性，因为它本身就是谜一样的存在，而且以充满谜的方式思考。邪神有预知能力……它并不完美，但仅限于它所体现出的生命的意义上。

所以，可以这样说，Leo 的邪神或者魔鬼正恰当地使用工作压力迫使他去处理被压抑的潜在问题。在他进入成年生活之前，那些压力从来没有紧急到需要将恐惧释放到意识之中的程度。在那之前，Leo 的存在只不过是存在着。他没有太多欢愉和满意，却足够让自己相信有理由很快乐。但是，今天，他是一个知足的、真正充实的男人，他真正的幸福是显而易见的。

因为我们还不知道如何自己在家里命令心灵创造这些必要的痊愈性改变（重整那些分离的部分），或者自发地呈现关键的记忆来提供问题的答案，因此治疗师和咨询师比从前更加紧迫地需要帮助治疗医院门诊或私人咨询室内日益增多的与精神崩溃以及压力相关的心理疾病患者。他们的工作是和心灵合作，通过联合的力量让控制者从他们自我设定的监狱中解放出来，开启一个更平衡、更完整的情感生活。

有时候我们的社会习俗让我们相信过去的小问题是不重要的；毕竟

我们现在是成年人了，是通过无数考试和安全贷款的男人和女人。"几十年前我们还很小的时候发生的事情怎么可能对今天造成负担？"人们问道。我一直对这个态度抱有疑问，这个问题很具有典型性，非常有意思，尤其是那些全世界的专家，比如银行管理者、工程师、科学家或律师，他们习惯了用左脑工作（右脑和非线性思维有关），这些人好像固着在这种轻蔑的观点上。

对于很多即将成为来访者的人而言，傲慢和对耻辱的恐惧可能藏在抵抗的后面。只有在一个重大颠覆，比如从高权职务跌落，把他们带到治疗室的时候，有时隐藏在创伤后应激障碍（一种社会上可接受的、现代社会常常提起的情况，和抢劫、恐怖袭击、在战争中受惊的士兵们联系在一起）的伪装之下，他们才感觉能够解释自己那不情不愿的态度。然后，他们就会被内部世界中逐渐打开的故事，以及顿悟所带来的幸福感深深吸引，以至于他们常常会改变关于回首过去的价值的看法。

受困于黑暗中

这是 Sarah 的案例，她是一名 76 岁的退休校长。失眠已经困扰她几十年了，但她从来没想过求助，直到她听了一个亲戚的经历。在治疗中，评估会谈时治疗师问了她一个问题，即在她的一生中是否受过任何的创伤。她真诚地坚信，过去没有什么值得再次回顾，并且她也是这样回答的。然而，在第二次会面中，她偶然提起了一个持续一生的"痛苦大灾难"的噩梦，她在前几天内就经历过一次。"我醒过来，在黑暗中发抖，我以为我快死了。"她说，"关于黑暗，好像有什么非常恐怖，但又不只如此。那些梦是关于威胁、危险的。"

治疗师说："你睡着了，但又是在黑暗中，那是什么呢？你一定以某种方式将这两者在无意识中联系起来了，而这正是痛苦涌进来的地方。你确定你生活中没有过创伤吗？"然后，似乎通过那个温和的询问，Sarah 最终被推进了觉察之中，不自信地说出了在她 7 岁时曾发生的一个事故。不自信是因为她在痛苦中建立起一种印象：事故的恐怖感并没有那么深——说到底，那只是一个没玩好的游戏。

"我当时在一个孩子们的派对上，在一个很大的老房子里，有人建议我们去花园里玩儿。在花园一角有一个很小的塔，几个稍微年长的男孩把我推到了里面，然后假装把门锁上了。但是，接着有更多的孩子被推进来了，直到我发现自己在一堆身体的最下面——有点儿像加尔各答黑洞⊖！大家都在笑，连我在内，大概我是在努力勇敢起来。但是当门被关上，好像是最后一次，周围漆黑一片，而我无法自如地呼吸了，因为孩子们的重量压迫着我的胸。我记得那种恐慌和被困的感觉，即使我们在几分钟之后就被放出来了。"

没过多久 Sarah 就在其治疗师的鼓励下开始明白，那个派对游戏在她的记忆深处创造并滋生了恐惧感，但被她的意识认为这没有意义而将其打入黑暗之中。她的失眠曾被她随意解释为因职责工作之中的压力造成的结果；在她继续从教的过程中，工作带来的能量耗竭确实可能引起失眠症状。但是，退休把问题扔到了聚光灯之下，她决定再也不让余下的生活被糟糕的睡眠毁掉了。

在治疗中，她明白自己意识层面可能过于看不起童年经历的重要性；她的无意识尽管遭到了封锁，却非常明白这一点。如 Sarah 所说："我的隐藏的控制者之前好像决心要吓唬我，毁掉我的生活，除了恶意之外没有其他原因。现在我意识到，恰恰相反。释放这些恐惧是非常必要的，而那些噩梦是它唯一可能找到的方法。就像是闹钟，它只能选择一种强烈的途径。但遗憾的是我直到 70 多岁才听到真正的信息。"

我们已经看到隐藏的控制者一般会如何创造毁坏——像一个遭受忽视的孩子——因为它们的需要没有得到注意。上面的个案足够简单地说明这一点，之所以引用它们是因为其中明显的信息。但是，我们带入无意识中的剧本人物有无数种叙述方式、深度，痛苦的严重性也不同，其复杂程度几乎超过了这里能提供的描写范围。

我们将会在之后的章节中简要讨论更多案例，其中来访者展现出的，比如在关系中显现出的精神分裂行为，一般都有一段童年情感剥夺的历史。他们无意识中的"警卫"可能阻挡正常的互动，特别是当他们处于某种类似的压力之下时和伴侣之间的互动，显然这些对于他们的关系除了增添更多混乱之外别无用处。他们被切断的情感回应，在与伴侣琐碎、争执和激怒的互动中，这种生存技能被再次激活。心理治疗的任务就是说服内在的那个难以捉摸的痛苦小孩，使他们相信他们最终是被看到和听到的，然后能够冒险地走出来，站在成年人的水平去讨论问题。

在这一点上我们必须承认，在内部世界的演员表上有的成员并没有可确认的困扰、失能的神经症或在过去经历过重大伤害。他们可能是在黑暗中被分裂了，由于相对无害的原因，可能是害羞或者一种深度的敏感性，使他们更喜欢停留在外部世界的阴影中，促使意识（如果能够的话）去保护幸福。我们都知道在一个喧闹的家庭里，会有一个孩子不合群或表现出退缩，临床上对于这种兄弟姐妹之间的差异可能并没有明确的解释。孩子们可能只是因为害羞，在他们背后并没有隐藏的创伤。基因也在其中发挥了作用；一个来自祖先的声音可能在 21 世纪安静地说着话，因为在 150 年之前祖母的祖母的祖母就非常害羞和胆怯。

恐惧和不安全感通常可以解释神经症联结下的人格破碎，这也能应用到我们自己身上，如同应用在来找我们做咨询的来访者身上一样。在一个理想的世界中，我们应该联通所有驱动我们隐藏的控制者的事物，邀请它们出来然后在意识层面对它们进行整合。认同这一点之后，我们也要认同，在人类进化的这一阶段上，通过做我们能够做的，通过我们有限的知识，为了我们能够成为的人，我们有责任保持一种满意状态。如果我们的心灵大部分都藏于海洋之下，像冰山那样，我们就必须感谢早期的心理学先驱们（弗洛伊德、荣格等）具有洞察力地去引领他们的追从者进入这一领域。后续的解释大概会对谜一般的内部世界提供更好的见解，那正是一直令我们感动的，或者是我们拥有的，即使在我们的视野中尚无确定性的解释。

隐藏的支持者

记者 Helen Derek 周五发现了她胸部上的一个肿块，她非常担心。在极度恐慌下，她预约了周末见医生，在见医生之前，她决定尝试一种向无意识询问信息的视觉化技术，她曾经使用过这种技术。她躺在地板上，像老师教的那样进行呼吸，用一条丝巾盖住眼睛。一个接一个的表象充满她心灵的眼睛，或者说是内部"屏幕"，每一个都比上一个更令人费解，她花费了好几分钟等待某种一致模式（却失败了），她拿开了眼睛上的丝巾，非常恼怒。她回想：

"我看到了一个棕色封面的练习本在眼前飘来飘去，之后是一个图像，好像圆屋顶一样的充满洞的物体，看起来像一片瑞士奶酪。之后，一只老鼠在'图画'中出现了——就在那儿。我对这个练习失去耐心然后就下楼了。我打开起居室的门，在我的右侧第一个被我注意到的是书架，然后我瞥见了一个棕色封面的练习本，就夹在我继女留下的教科书中，她在获得一个职业治疗师资格之后去国外工作了。我以前从来没见过它们，对它们也没什么兴趣，但这本书在这时候好像邀请我看它。这事真难以当成玩笑来说，当我翻开书页时，正好敞开在一张人类胸部、腺体系统以及一个实验研究的参考图片上，实验使用的是老鼠，讲的是激素活动能解释轻度肿大的事情。当然，在这个巧合发生的时候我愣住了，并且在之后的一周我感觉冷静多了。之后的药物检查证明我的肿块确实是激素引发的肿胀。我感觉我的无意识真帮了个大忙。我的某些部分究竟是如何知道这本教科书的内容的，那一页的相关材料是如何出现的，为什么它正好打开在那一页上，又是为什么我的隐藏的支持者有顺序地给出了其他答案？"

很多人容易对 Helen 的三个问题中的第一个找到可能的解释，但很少人会想去解决最后一个问题。这正是我们无意识的十足的不可预期性，它具有这种挑逗人的性质。文学巨匠、作家、科学家和发明家常常报告说他们最好的作品像是源于一场梦的结果，或者是一个白日梦的预感。一位年轻的国际围棋玩家曾经让我相信他在床边设置了一张棋盘，上面布了一副对于全世界的围棋高手来讲都非常难的棋谱。他特意地凝视了棋盘一会儿——在关灯睡觉之前，没有一种解决办法。他一夜无梦，但他醒来的时候立刻就知道应该走出怎样的胜招。

分析心理治疗师南森·菲尔德（Nathan Field）在他的书《垮掉和突破》（*Breakdown and Breakthrough*）中论道："我们必须意识到，现实不仅在我们熟悉的清醒的意识水平上呈现，也在若干个其他维度上操作，每个维度都有它自己的效果。这和我们了解一般意义的意识，特别是心理治疗有着关键的联系。"他继续说明，一种想法、感受、幻想，甚至整个人格如何能够从一个人的心理投射到另一个，这个谜必须得到我们的破解，因为我们的心灵以非全然的模式在操作着：

> 我们之所以要面对传达（transmission）的整个问题，只是因为我们认为牵涉的几方在开始时是分离的实体。但如果在某种无意识水平上，它们已经合并了，就不需要转换，因为在合并的状态中发生在一方上的也会发生在另一方。我们每个人都感觉自己是分离的个体，看别人也是分离的个体，考虑到这样的事实，那么"我们同样也存在于一种合并的状态中"这样的观点不会让人那么容易相信。我们允许诗人放肆地宣告"没有人是一座孤岛"⊖，但是从文字上去接受这个真相又是另外一回事了。然而，事实上，这正是荣格的立场。他把个体意识比喻成矗立在海洋上的小岛；如果我们看到海平面的下面就会意识到，在海床水平上我们都是彼此相连的。从某种意义上说我们必须抱有看似矛盾的观点，即作为生命体，我们既分离又统一。

将无意识状态比作隐藏着的冰山（或荣格所说的岛

⊖ **译者注** 书中原文是「no man is an island」。

屿），以及菲尔德提出在海床水平上我们彼此相连的观点，这些类比当然都是恰当的且互为补充的。在我看来，这些类比为这一思想增添了意义：支持者和魔鬼能够且确实共存，后者往往遭到极大的误解，从 Leo 最初认为有一个魔鬼在邪恶的目的下控制他的生活就可看出。或许也可以解释为什么青年围棋玩家拥有支持者在一夜之间为他传递难题的解决办法。在睡觉的状态中，他自由地潜至海床下面，他以某种方式知道如何以及在哪里寻找解决方法。这是一个引人入胜的概念。

其他人声称通过冥想能够达到相似的联结，比丘就是一个例子。《冥想艺术》（*The Art of Meditation*，2010）的作者，值得尊敬的马修·理查德（Matthieu Richard），在一次《时代》采访中对杰克·沃利斯·西蒙斯（Jake Wallis Simons）说："心灵胜过一切。如果你有内在的和平，那么无论发生什么，你都会安然。"这种哲学为艺术老师 Alan Jones 所珍视，他那安静的冥想私生活帮助他在妻子 Hilary 因患老年痴呆症而只能含糊不清地说话时承受了悲痛。因为 Hilary 再也不能站立或者控制她的身体了，接近一年的时间里她都待在医院中，夫妻之间能够有意识地享受的交流就剩下握手了，Hilary 有时候会紧紧握住他的手，就仿佛是理解了什么。然后，有一天晚上，就在他当天第二次来看她并给了她一个晚安的吻时，Hilary 突然清楚地说："母亲死去。"Alan 的第一个反应是，作为大家族中一个充满爱的母亲和祖母，Hilary 暂时能够构造两个单词来传达她明白自己已经接近了生命的尽头。

第二天早餐时间，电话响起，他做好了面对从医院传来坏消息的准备。但那是他的小姨子从法国南部打来电话告诉他姐妹们年长的母亲前一天晚上去世了。Hilary，九个月以来都不能说话，怎么能在这件事情正在发生的时候清楚地宣布它，而同时，在家族中没有人（包括 Alan）知道那健康的老母亲正在死亡的边缘。这能成为另一个证明在某些水平上我们的无意识心灵是联合的线索，我们知道的比我们认为自己知道的更多吗？

远距离会面

在我们离开无意识沟通的话题之前（至少是暂时离开，因为它是关系治疗的背景下支持本书逻辑的一个重要主题），我们应该考虑Louise 的故事。两年前她丈夫去世了，她带着悲伤议题前来咨询。她没有孩子，因此非常孤单且需要温暖和爱。一个冬天的夜晚，她梦到遇见一个大学同学，他们已经失去联系将近40 年了。在梦里，一个艳阳天，她站在高地上，俯瞰着船舶驶离海湾。她的同学出现了，双手满是灰尘，解释说他的摄影棚起火了。一个大写字母"A"好像写在这个场景中。

第二天，我的来访者给他们之前一起工作的地方打电话。"你知道 John 去哪里了吗？"回答很模糊。他是移民到美国去了，还是澳大利亚？显然，第二个答案听上去更有可能，但是她又打了好几个电话才听到一个人主动告诉她 John 在新西兰退休了。最后，幸好她之前的工作让她能够询问专业中介，发现他住在奥克兰。John 的名字仍然在记录名单里，几小时之后，她和这位同学取得了联系。

"他无法相信我在给他打电话，因为就在前一天（可能是我在我这半边地球上睡觉的时候）他在交付一辆稀有的车时想起了我，他记起我们一起工作的时候我曾有那么一辆。没错，他的房子俯瞰一个海港；没错，他拥有一艘船，但是，他的摄影棚着火的事情错了。然而，三天之后，John 从奥克兰给我打电话：一些器材在他的摄影棚里融化了，然后着起火来，造成了很严重的器材毁坏。他一整天都在清理碎石，所以当然他的手上充满灰尘。究竟我是怎么看到那个栩栩如生的画面的？究竟我怎么预测到他那场火的？"

这是一个奇怪的故事，更奇怪的是她讲述的故事中不可思议的时间，因为那些细节和地点而不可思议。它为未来的探索开启了一大片领域——线性时间并没有意义。正如神经科学家卡尔·普里布拉姆（Karl Pribram）所暗示的，人类大脑的功能是全息的，通过另一个"领域"（像爱因斯坦的第四个维度那样超越时间和空间）来解释频率，构造我们的现实。

这里我们所知道的全部是 Louise 的无意识（显然，很容易进入这个领域）提供给她的一个礼物：在某种程度上它知道去哪里找到 John，而现在他会很愿意来见她因为他也是孤家寡人。直到电话响起那一刻他的个人生活才让我的来访者知晓。然后，在几个月之内，他们又相聚在一起了，那是在他们的职业友情结束 40 年之后。今天，Louise 在她的生活中有了温暖和爱，嫁给了 John，他们的悲伤议题并不是被心理治疗而是被一个梦解决的。

那么，这个和关系治疗有什么联系？第一，我们需要承认，对于 Louise 和 John 而言，一个有益的联结真的发生了，他们自己未曾看到的部分卷入前摄性（proactive）治愈过程中，这种卷入无法得到解释。第二，如果我们接受存在强大的隐藏的控制者的事实，那么我们必须接受它们的重大意义，并思考我们今日的情感痛苦有多大部分是源于我们不能认识到那个魔鬼反而可能是我们的引路人。

当来访者意识到，表面上是消极的摧毁力，其背后的驱使力量实际上意图是善良的，那么治愈就可以开始了。菲尔德又说道：

> 开始着手调查诸如移情、投射性认同等现象提出的谜团时，我们被引导至那些看上去明显是非科学的假设。然而，多年来，严肃支持这些想法的却是源于科学本身，从物理、数学、天文学以及生命科学的现代研究都可见一斑。综合起来的证据，比如对心灵和大脑的研究，发展到一个研究领域中，该领域以未曾预期的速度膨胀。

早年恐惧

一旦来访者，像 Leo 和 Sarah 一样的成年人，意识到他们的内部世界是如何在一个冰冻的枷锁中保存恐惧，又是多么绝望地想要帮助，自我觉知就会发生了。治疗师帮助来访者重新整合那些分裂的部分，同时鼓励他们从成熟的自我中更加安全地独立发挥自我功能（当然，会出现倒退，但是一旦来访者觉知到他们隐藏的年轻人物可能多次由不曾预料的情况引发行动，他们就能够学会管理情绪的突发）。但是，对于一个非常年轻的孩子来说就不是这么简单了。

婴儿精准地知道母亲正在感受着什么，在意识和无意识两个层面上，这是在子宫中经历的脐带心理联结（有益的或有害的）的一个延伸；很明显，这是前语言的。如果一个不开心的母亲眼睛里没有爱、不确信她的孩子的存在，那么，婴儿接收到的信息就是消极和令人恐惧的。如亚当·菲利普斯（Adam Phillips）在他的书《温尼科特》（*Winnicott*）中所解释的，不被母亲看到的，甚至在自发的姿势的瞬间都不被看到，就是不存在的。他继续说：

> 在温尼科特的解释中，被母亲看到，意味着关于这个人是谁、这个婴儿是谁、他感觉到什么了等信息得到了再认。如果婴儿看到的是一片空白，婴儿就不能冒险去看；他必须从他看的东西上得到他自己的某样东西。这使得婴儿的母亲成为婴儿的真相世界中的裁决者。她的回应性再认——比如，不是他们之间的再认的冲突——会让他对自己有一种感觉。母亲是真实自我（true self）的构成性见证者。如果她打击了婴儿最初的全能感（强迫他去看她），她就"侮辱"了婴儿的自我并使之隐藏起来。一切都将被束缚在从主观客体的母亲到一个客观知觉到

的客体的转变中；从通过他人看自己，到看他人。

在之前的一个出版物中（March-Smith, 2005），我引用 Julia 作为一个有意思的例子，来阐释长时程的毁灭性破坏如何不经意地由她的母亲造成，以及它与 Julia 出生后精神病之间千丝万缕的关系。Julia 从她的婴儿期学习到眼神接触是吓人的，是黑暗的一种反射，是威胁的深处，"死亡之眼"，正如荣格主义分析师西尔维·佩雷拉（Sylvia Perera）用闪米特神话告诉我们的，"那眼神是毫无同情的，一点儿也没有个人的关心。这种眼神会带来精神病；我们在遭受精神病状态的个体身上看到这种眼神，没有能力去看穿被紧紧掌握着的生命过程和精神的片段，在这些片段中，稳定的框架以一部分事实的形式存在"。

经历过母亲那种"看到的东西仿佛都是死的"眼神的孩子几乎不可避免地会得抑郁症。作为早期经历的一个结果，Julia 逐渐学会了在某些时候根本不去看。最终，Julia 变得非常自然地逃避看他人的眼睛，以免显得她在有目的地盯着对方看，尽管事实上中她会关注说话人的上嘴唇、鼻尖或下巴。她丈夫之前从来没有意识到她都不知道他的眼睛是什么颜色的。甚至是她的治疗师也表示怀疑（在被告知真相的时候）：多年来他们两个人进行着专业的亲密关系，椅子对着椅子，而 Julia 那大大的、充满共情的眼睛实际上从来都没有看过自己，而她一直相信 Julia 是看着自己的。我写道：

　　Julia 为了这种异常的回避机制所付出的代价就是她持续地

感到生活中心没有她，这种半死状态和多年前她母亲眼中的了无生气很相像。自然地，抑郁纠缠了她，压抑了她的愤怒，愤怒源于她从未被欣然接纳为一个婴儿，源于她的存在似乎是怒火和悲痛的来源。在治疗中，Julia 第一次学会在镜子里看自己；然后是看治疗师的眼睛；然后是看丈夫的、好朋友的。这对她来说很难，并且她常常回到习惯的模式上。最终，她为自己找到了"生命之眼"，还有爱之眼，而最后是开心生活之眼。

心理分析师罗伯特·斯托罗洛（Robert Stolorow）因其关于主体间系统观点（intersubjective system perspective）的著作而闻名，他提出，当儿童激发了抚养者大量或持续的不协调时，儿童便无法整合其核心情感状态，心理冲突就会发展。换句话说，在孩子–照顾者的调控系统中有一种崩溃状态：

这会导致孩子丧失情感整合能力，进而是一种不能忍耐的、势不可当的紊乱状态。儿童在这种忍耐、承载和整合中需要协调性（attunement）来辅助，而当极度缺乏这种协调性时，充满痛苦的或令人害怕的情感就会成为创伤性的……从关系上考虑，创伤发展的一个结果就是不停地处于忍受和支离破碎情感状态中。从反复的不协调经历中，孩子获得了无意识的信念：未曾满足的发展性渴望和反应性痛苦感受状态是一种令人憎恨的缺点，或者一种固有的内在缺陷的表现。之后，个体无法表现出被要求的完美——潜在的重要缺点或缺陷的暴露，因此体验到被压抑的情感，并伴随着孤立、羞耻和自我厌恶的感觉。

根据斯托罗洛的观点，发展性创伤会限制情绪经历的范围，这样就会屏蔽掉任何不被接纳的、无法忍受的或者是太过危险的情绪。因此，让我们回到 Leo 的例子上，他的例子能够在这里提供某种程度的阐释。Leo 长时间一直遭遇家庭奚落，为了避免丢脸，他焦虑地生活，这是显而易见的。和 Julia 的例子相似，他的童年家庭生活也缺少安全的、情绪性的抱持，他母亲长期的不可预见的反应令他非常困扰和迷惑。但是，这和 Julia 的婴儿期创伤有着质的不同，Julia 的母亲在患精神病期间从来没有显示出确认性的表达：这引发了更严重的分裂。

投 射 恐 惧

当 Leo 报告说他在学校里受欺负时，他的妈妈大笑。当他在一场家庭危机中被送给一个不被爱的（也不可爱的）外祖母时，受到了外祖母曾对他的妈妈一样刻薄的待遇。他的眼泪被忽视了，而他也由于不听话而得到了惩罚。令人好奇的是他带着受限的期待步入成年：他会在冒险、探索世界的过程中非常害怕，直到他的高压力水平在膀胱上引发躯体化，他过着受庇护的有限制的生活。

一旦理解了他的恐慌袭击和害怕在工作场合尿湿裤子而出丑的核心议题，我们就有了更多的工作要做。Leo 想知道他为何不敢为自己争辩，不只是在同事以及管理者之间，也体现在他的婚姻中。"我害怕某种强烈反应，但我一直都不知道那是什么，甚至在我知道Susan 不会故意伤害我的时候我依然害怕她。这多可怜啊！"

很明显，Leo 仍然纠结在过去的阴影中（当家人为了彼得·潘的事情而嘲笑他时，这个脆弱的小男孩如何为自己辩解呢？）他的妻子 Susan 肯定接收到了那个孩子投射来的恐惧，她无法理解为什么他的行为表现得像一个无用的人，不管是对她还是在工作中。但是，实际情况并不像听上去那么直截了当。那个小男孩尽管不敢为自己说话、不敢对折磨他的人喊停，但他从未停止思考。他对于他们的贬低性笑话的愤怒已经足够真实了，但是他仍然缺乏一个表达的声音，在无意识中他的愤怒和任何时候一样鲜活，时间好像是停止不动的。然而，他能够允许自己释放的只是冷嘲热讽，中伤 Susan（象征他现在的家庭），比吹足了气的怒气更加生气。随着治疗的进展，他得到鼓励，允许那些感受伴随着其他记忆浮出表面。我们使用了一种格式塔方法来释放它们：对着空椅子说话，就仿佛是对着那些他想大骂却从来没敢骂的人。

"你有什么想真实地对父母说的？"我问他，"想想他们就在那里，坐在那两把椅子上，坐在你面前。你有机会告诉他们，他们如何让你感觉受伤了，你对他们有多生气。如果你永远不想在现实中跟他们说这些，他们就不会知道今天发生了什么。"

Leo 最初有些退缩。和一个空椅子说话可能令人非常压抑。但是，他迟疑着开始描述他的痛苦，在父母不经考虑的笑话中那折磨人的无尽尴尬。"你们怎么能对我这么做？"他突然对着椅子喊叫起来，"你们知道这让我多么痛苦吗？这不公平。我永远不会原谅你们。"

有时候我会很快坐在空椅子上，来扮演不在场的人的角色：它能够使"个体"正当化或者尝试对误解一笑置之，有助于宣泄更多的愤怒。我这次尝试去做 Leo 的妈妈："哦，Leo，你爸爸和我只是在过一点儿瘾而已——你不应该这么难过，你真傻，你为什么不能更成熟，像你姐姐那样？"这里，在我的成人来访者心中的那个孩子依然很受伤，注视着我（扮演的妈妈），那眼神好像他在见证一个视频记录他童年的场景，然后他开始哭泣："你不能说我傻。我有权利难过。你们笑话我是错误的。"Leo 的眼泪滑过脸颊，最后他完全意识到了他那颗破碎的心，源于父母的背叛。

之后我们讨论了那天和椅子之间发生的事情。他找到了一个声音表达他的感受——而那里没有令人害怕的强烈反应。实际上，他说他出奇地感到自由和轻松。这意味着他现在把恐惧丢到身后了吗？ Leo 同意等等看（在一位来访者感到足够安全去以成年人来发挥功能之前，创伤常常有残余层需要暴露）。但是迹象是好的。他开始生动地描述在家发生的争吵，毫无隐瞒地表达他的感受。"Susan开始并不喜欢我这样。但我告诉她，她不能抱怨我的无用和直率！这给了我一种从未了解过的力量感。我在办公室内也有了自己的意见，并且让我非常惊奇的是，那些我害怕会奚落我（更明显的投射）的人积极、公正地回应了我提出的建议或者我为了工作利益最大化而提出的批评……最终，生活向我敞开了胸怀。"

远 程 控 制

一个年轻的受督导者恐慌地打来电话："我觉得我在失去我的来访者 Ruby。她威胁说要离开，而我完全不知道为什么。"我手上没有记录本，就让她在我们可以交谈的 5 分钟内总结一下她现在主要的担心。

"几个月前我去国外待了三周，Ruby 向我问了另一个治疗师的名字，以备紧急需要。我给了她三个名字，而之后我得知她发现其中一个'友好、温柔的年长女人'确实帮了她。但之后我就意识到 Ruby 仍然去见她，同时也来见我，我跟她解释这是不合适的。然后她一直在说她和那个'友好的年长女人'在一起很轻松——她像一个孩子一样想要我因为在她的治疗中做得不对而感觉内疚。"

是否曾有一位奶奶或母亲在 Ruby 的童年时期存在呢？"哦，是的！爸爸离开了家，Ruby 被两个敌对的女人，奶奶和妈妈，抚养长大。她很快学会如何让其中一个反对另一个，通过用奖赏和条约来从这两个人中得到她认为最好的东西。但是这让她在情绪上没有安全感，是吗？"确实没有。在这 5 分钟恐慌的来电中，我督导的学生演示了她怎样无意识地捡起了不快的感觉，这是由来访者持续的不安全状态激发的。她的来访者通过让两个照顾者彼此敌对来像一个孩子那样试图控制她的感觉。也许她的咨询师出国旅行这件事诱发了这种退行，Ruby 无意识地想起她小时候所感受到的那种责任：为了在情绪上生存（emotional survival）而让两个女人和她站在一边。这可能让她莫名其妙地生气：她不必这么努力地获得爱——她自然的生存权利。所以她开始通过威胁离开去惩罚她的治疗师。

"Ruby 会偷偷去'奶奶'（那个年长的咨询师）那里，向她抱怨你缺乏关心的治疗或者别的，重复那种在原生照顾者之间激烈的旧模式。"我暗示，"对她来说，你拒绝让这种情况持续下去是非常重要的。她必须在你和另一个治疗师之间做出选择，最后让她明白边界是关系中非常重要的成分，还有她如果能待在一个没有奖赏与惩罚的关系联盟中，她会学到更多。"

这里我们在同样的主题上有不同的侧重：从分裂或冰冻部分的自我衍生出来的有力的隐藏控制，这一次并没有以一种抑郁的反应方式来表现（像 Leo 和 Sarah 经历过的），反而非常主动地以它自己的方式设定了 Ruby 非常熟悉的场景，即她以一个孩子的方式来工作。虽然不明白驱动这种行为背后的原因，但她现在的目的——创造一对她想象中的彼此斗争的治疗师/照顾者，她能够操纵她们为她竞争——使她不健康的童年在治疗中再现了。

内部支持者将不得不再等待一段时间，以便咨询过程可以扭转那种模式。我们绝不应该低估"熟悉性"这个诱饵。从完好记录的研究中我们知道，社会工作者会为了孩子的安全将那些遭遇父母毁灭性对待的孩子带走，而这些孩子，如果他们可以选择，通常更愿意回到家中，而不是进入新的环境。

疗愈之道 ●···

　　我们有力隐藏的控制者在它们最初的需要被伪装了好几十年之后展现了非凡的作用。大体上，它们在一种冰冻的时间扭曲中进行，在这样的时间里，孩子的世界会持续，好像一切都发生在昨天。不管任何时候，我们或我们伴侣的生活出现看似毫无缘由的痛苦或其他激烈的情绪，都很可能是被某些和过去相似的事情所激发的紧急信号；它们从无意识中浮现出来，需要得到关注。

　　由于有时候它们强烈得吓人，这些"信号"看上去像魔鬼，但是当治疗揭示了它们真实的目的时，那些吓人的或愚蠢的症状就会消失，像是完成了工作似的。我们也见过，在神经症的世界中（这里没有篇幅将其作为一种严重的心理疾病进行讨论，而且我也不具备著写的资格），经常会有一个善意的力量存在于我们的危机背后。它急着痊愈，像一架飞机穿越黑暗、冷酷、具有抵抗性的地球，强行飞出一条道路。

　　我们的隐藏的控制者一直都象征着自我的一个更加年轻的部分——我们的婴儿期、童年或青年期。它被来自遥远的过去的缺失或矛盾而损伤，不管多么微不足道。但是内在性也包括无意识的友善和具有帮助性的部分，这些部分看上去有一种不寻常的能力，可以提供一些通常我们当下无法理解的信息。

我们可能会采取荣格或其他人的观点，即我们的心理在深不可测的水平上彼此连接、合并；这可以解释心灵感应的巧合、预见能力和荣格理论中的同步性（在他的《回忆·梦·思考》（*Memories, Dreams and Reflections*，1995）中有所描述，这本书在 20 世纪中期首次出版），以及荣格的集体无意识想法。这也可以解释在治疗师或咨询师和来访者之间发生的自发互动中的创造性特点，在这种创造性中，所有人都可以觉察到这种有力的协作。

和来访者工作的时候，非常重要的是理解他们呈现出来的问题可能只证明了冰山的尖部，即愤怒或者委屈、恐惧或者悲伤等症状可能只是指示牌。我们必须认识到，在成年人的故事背后一般都潜伏着一个受伤的孩子，治疗师的任务就是找到核心议题以及那个孩子。下一章将讲述达成这一目标的方法。

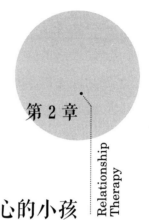

第 2 章

内心的小孩

Relationship
Therapy

在成年人的故事背后，一般都潜伏着一个受伤的小孩，童年时在和父母的关系中体验到的情感受挫和理想破灭，会在负性移情中重建，创伤是留在心底的抛弃或背叛，是曾经被拒绝或压抑的冲动的延伸……

随着需求量急速上升，短程治疗的概念几乎成为一个必需品，尽管很多人会叹惜于这种趋势，因为彻底的长期工作一直以来都是非常理想的。从整合的视角来看，在主要依托于经典理论的同时也打破一些规矩是有可能的：比如，一旦非指导性成为关键的实践，我们能看到更多的前摄性干预（proactive intervention）。卡尔·罗杰斯史无前例的工作在其著作《成为一个人》（On Becoming a Person）（1961）中得以表现，他讨论了来访者中心疗法的价值，这一工作使他成为人本主义心理学的奠基之父，并得到了盛赞。

来访者知道答案，我们只需要等待它们在数月（如果不是数年）的治疗中浮现出来，这样的观点看起来受到了我们今天面临的时限规定的限制。为员工援助计划中介公司工作的咨询师和治疗师，以及在一般实务实践中的咨询师都肩负着在有限的时间范围内达成某种令人满意的结论的压力，有时候甚至（在写这本书的时候）只拥有可怜的 4 ～ 6 次会面时间。

在私人机构中，经济限制也占有很大的权重；这是没人能够忽视的因素。回首 20 世纪，聊天式的罗杰斯方法看起来非常理想，但是根据现在的标准，它太奢侈了。一个年轻的受训者在观看一部卡尔·罗杰斯著名的治疗录像时，非常惊讶地得知他所观看的第 2 次或第 3 次会面实际上是罗杰斯和来访者进行的第 28 次会面。

相反地，格式塔心理学家理查德·海克纳（Richard Hycner），也就是《在人与人之间：朝向一种会话式心理治疗》（Between Person and Person: Toward a Dialogical Psychotherapy）（1993）的作

者，他擅长关系治疗，并且在全球进行巡回演讲。一次，他在 2009
年英国研讨会上对一群同僚说："作为一名夫妻治疗师，我不得不非
常主动。我有目的地指出问题，常常打断他们说话并且非常投入。
如果我不这样，就不会具有夫妻所需要的影响力来打断他们的消极
模式。识别出重复的模式是非常重要的。"

时代变了。摆在我们所有人面前的挑战是找到前所未有的新方
式，不带任何妥协地加速治疗进程。通常在第一次或第二次疗程中，
核心议题便可能很清晰了。但是，这里要提醒任何实践者，如果很
快地做出了诊断，而对未来疗程中可能出现的情况没有持开放的态
度的话，都将是愚蠢的。如帕特里克·凯塞门（Patrick Casement）
在他的书《从患者身上学习》（*On Learning From The Patient*）的前
言中警告的：

> 通常会有一个神话，有经验的分析师或治疗者能够迅速而
> 精准地了解患者。尽管有一些患者冒着有可能被歪曲成他们在
> "阻抗"的风险，他们还是尝试反对这一点，另外一些患者却真
> 的怀有这样的期待，大概它能满足人们找到确定性的愿望。一
> 些治疗师自己也会有这样的期待；大概是希望满足一种不被承
> 认的愿望：自己是学识渊博且有力量的。

没有人能反对凯塞门的观点；他的警告被记录了下来。但是我
们现在生活和工作于不同的时代，为了公众的利益，如果必要的话，
某种程度上那些需要应该得到承认和克服。来访者很喜欢一些反馈，

比如治疗师对他们的最初印象是什么，即使过去很多治疗师会保留他们的观察，以备来访者的故事可以慢慢拆封（正如他们看到的）；或者治疗师可能在专业上不情愿通过过早的干预来冒险侵犯来访者。但是，正如我们已经看到的，确定早期的无意识驱力常常是至关重要的。治疗师的工作不仅要尽快指出无意识线索如何对来访者当下的问题提供线索，而且要在恰当的时机告诉来访者他们觉得真正的问题是在哪里。

在接下来通过案例学习来阐释这一点之前，我们大概需要在这里做一个区分：短程治疗通常指的是什么，而在本书中的阶段（phrase）又是指什么。确认问题的核心并在可利用的短时间内与之工作，不管它是一个危机干预还是长程的私人实践，肯定有共通之处。但是就短程治疗而言，包括米尔顿·埃里克森（Milton Erikson）和理查德·班德勒（Richard Bandler）（同时是神经语言加工的奠基者）在内的奠基者的观点是：找出问题的根源并不那么重要，重要的是确认目前有什么因素支持了它的持续存在并阻碍了改变的发生。

如我们所见，指出当今问题的早先根源是这些章节的核心。在使用短程治疗这一术语时，我们可能在字面意思上是一致的，但在观点上是不同的。不同流派的治疗师所进行的有价值的工作是不同的，且使用的时间也是不同的。但通常来说，治疗师和来访者之间关系的质量对于积极的结果有很重要的作用。治疗持续的时间不一定意味着做了彻底的或者更好的工作。重要的因素仍然会被错过，移情的议题会在不经意间被忽视，治疗联盟会因无法解释的原因而崩溃；这些甚至在治疗进行了几年之后都会发生。

渴望亲近

　　Betty 走进房间时觉得自己很悲伤，因为她的丈夫在和她相伴20 年之后离开了这段婚姻。她坐在椅子上开始讲述他们的"幸福生活"，她双手摩挲，看上去心碎又带着困惑。那双手所传达的是什么，我很好奇——是在恳求、乞求着什么在当前的话题中被隐去，但对她的存在而言却非常重要的事情吗？她渴求的是什么？

　　半小时以后，她讲述了很多对她而言格外重要的事情，家庭纪念日、假期、特殊的日子，甚至是星期日的午餐。她一直非常需要与四个孩子（现在是青少年了）和丈夫一起享受那些生活。那是非常重要的，不需要任何理由。

　　"你非常强调那些家庭聚会，几乎是你的生命在依赖着他们，依赖他们和你一起庆祝那些日子。"我评论道，"难道他们不需要在某些时刻做点儿别的事情吗？"她回答这个问题的时候，双手摩挲得更厉害了。"哦不！我们是这么开心的一家人，我们喜欢这么亲近，我们总是一起做所有的事情。正因为这样，Harry 的离开是多么大的一个打击。"

　　他的离开并不令人惊讶。我的感觉是，Harry 为了他们的孩子尽他所能地停留了足够长的时间，但是 Betty 的需求对他们的关系而言是一个越来越严重的损害，无疑这个问题在他们的婚姻中被掩盖了很多年。她渴望成为家庭生活的中心，在到达鼎盛期之前她一直在为之建设着，这是非常神经症的。所以，核心议题是她对于亲近、亲密的渴望，并不体现在床上，而是在家庭用餐的准备和执行上。这意味着什么？

在后面的半个小时里，Betty 描述了她的童年，作为铁路工人的父亲会在晚上 7 点拖着累垮的身体回家，从母亲那里接过责任（实际上是睡在电视机前），然后母亲就匆忙出去打扫办公室了。他们一起赚来的收入可以支撑他们的家庭假日，但是 Betty 觉得工作日的晚上（和她的小妹妹在床上睡觉）是非常孤独和无聊的。"而周末就不同了！我为它们的到来而活，因为那时妈妈会给我们做好吃的饭，我和妹妹则会帮她端上周日的烧烤。"

Betty 在潜意识里尝试复制那些令人安慰的特殊日子：家人每顿饭都围坐在饭桌前一起吃，只要有可能就在一起，除了学校午餐和活动时间。当然，她还鼓励作为管道工人的 Harry 在每天外出工作途中顺路回家吃点东西。他没有自己的生活；她也没有。最终，Harry 鼓起勇气为自己争取自由，远离这种残酷的要求。

如果在 Harry 离开之前问邻居，他们会描述 Harry 的家庭是非常恩爱的；问 Betty 的话她会对他们的评价点头认可；而问 Harry 和孩子们则几乎肯定会得到不同的回答。但是，Betty 来做治疗是因为她想获得帮助来克服悲伤和愤怒，学会如何度过没有丈夫的生活。她完全不知道她的童年挫败感在他们婚姻的崩溃中所充当的关键角色。

随着治疗开始转向谈论这一方面，Betty 紧攥着的手开始放松了。甚至在某些时刻，它们是打开的，仿佛是在接纳着什么。一次，她笑着承认："是的，我不得不承认……我确实在 Harry 那儿期待得到太多的关注。"

基于她垮掉的婚姻这一事实，她前来接受心理治疗的任务极为艰巨，多亏了她的洞察力，这一任务的艰巨性得以明显的减弱。一旦她的隐藏的控制者（情感上饥饿的小女孩）在疗程中得到确认、承认和接纳，Betty 会开始明白她的成年生活受到了那个小女孩的巨大影响，小女孩坚信幸福是依靠温馨的团聚的。她的信念却促成了相反的后果：抛弃的痛苦。虽然被这一事实打击，Betty 还是意识到了存在于她那"家庭培养起来的疯狂"背后的内容，而仅这一点就给了她足够的理由让她来小心地监督她未来的行为。

没有人会认为这是一个严重的童年剥夺的例子。里面并没有虐待、残忍、创伤。Betty 的父母做了他们觉得对的事情，努力工作、挣回足够的钱来给他们的孩子偶尔的优待以及值得纪念的家庭假期。这是近来在很多用两份收入来偿还贷款或者房租的家庭中经常持有的态度。但是，Betty 还是一个小女孩的时候显然遭受了痛苦，因为她和她的家庭受到债务的影响。另外一些父母可能会更关心如何使孩子们在一周中得到情感上的滋润：更多拥抱，对他们的友情和学校生活有十足的兴趣，当他们需要的时候给予他们充分的关注。这里的重点是，单调而枯燥的教养方式（没有人能够真的去挑毛病），仍然会在下一代中产生严重的神经症。

伟大的俄罗斯作曲家柴可夫斯基还是一个小男孩的时候，他的父母把担惊受怕的他放在一个马拖车里送他去上第一所学校。当马车再次前进的时候，小男孩趴在车轮上歇斯底里地哭泣，想要阻止父母的离去，这是克里斯多夫·努培（Christopher Nupen）在电视纪录片（2009）告诉我们的。我知道有一个类似的现代版故事，一个新入学的小男孩在校门口停留，用同样的方式趴在他父母的轿车上，绝望地抓着门把手，直到车缓慢地加速他才松手（他的父亲知道正在发生着什么）。

这两个不同历史时期的片段所呈现出的两个男孩与父母的分离焦虑，被无数孩子所体验——在面对真实或假想的抛弃的时候。他们的记忆会在无意识世界中停留并影响成年后的关系：破损的信任、背叛感、拒绝未来伤害的自我保护——所有这些加上其他的，存在于来访者当下呈现的问题背后。

孩子生病的时候，一方或双方家长不明理由地不去探视，孩子会突然发现他们陷在一群陌生人中间，孤单一人，其中一些陌生人因医疗目的可能还不得不给他们带来痛苦，诸如此类的恐怖经历时有耳闻。随着这些记忆浮出水面，中年男人和女人会潸然落泪，细数从前他们忍受过的冷落和不被爱时的恐怖经历，大概因为他们住的医院在旧时代并不允许探访、交通条件差，或者因一些家庭禁忌父母无法探视。凝视着医院窗户（或家里病床旁的窗户）的画面在他们童年悲伤的记忆中也会占有很大比例。尽管他们可能并不会把自己的防御行为和当前的关系联系在一起，但是，鼓励让它们全部浮出水面，来访者就会开始意识到他们对于未来被抛弃的恐惧，或者是害怕从照顾者那里体会到并不悉心的照顾，这些都正在控制他们以及他们和伴侣之间的互动。

受虐待的孩子

到目前为止，我们看到相对轻微的童年心理创伤渗透了成年生活。这种渗透对于关系而言是一种不利的影响，正如我们在 Leo、Betty 和其他人的案例故事中所看到的。如果创伤的伤害程度超越了前面描述的让人迷惑的情况，那我们可能会问：它对孩子的影响会有多严重？如果一个年轻人曾经被性虐待或身体虐待，伤痕会更深吗？这是否意味着我们正一起进入一个不一样的场面呢？如 Gabarino 和吉列姆（Gilliam）在他们的书《了解虐待性家庭》（*Understanding Abusive Families*）中指出的：“孩童虐待并不是简单地劣于完美的孩童养育。它是一种行为模式，在照顾孩子方面严重地违反了道德和科学规范。”

莫伊拉·沃克（Moira Walker）在她影响巨大的著作《幸存的秘密》（*Surviving Secrets*）中警告我们：“儿童虐待会导致巨大的发展性损害，这种损害有持续的影响，确认并接受这一点至关重要。这种效果并不会简单地随着孩子进入成年期而消失不见或蒸发。”在同一页上，沃克写道，遭遇过虐待的孩子对他人没有较高的期待，他们也不期待得到帮助，“在他们受到病态对待（ill-treated）的时候，他们常常没有羞辱感。他们对自己感觉不到积极的信息，也不会传达积极的信息。他们不能轻而易举地自我保护。"

　　这种在受虐经历中羞辱感的缺失是一种被动顺从，和很多虐待案例之间有着熟悉的共同点，引起了治疗师和咨询师在工作过程中对它的关注。但是，英国防止虐待儿童协会（NSPCC）一位资深的办公人员曾告诉我们，他遇到的最残忍的案例是一个小男孩（丈夫认为这个男孩是妻子与情人的孩子）在所有的家庭场合遭到排斥。家庭成员在一个房间内吃饭，但是孩子没有任何原因地不得不在厨房中吃饭。这里并没有身体上的虐待，也没有挨饿、忽视或者性虐待。但是，工作人员将这个遭排斥的孩子（允许和兄弟姐妹们在一起，却不能一起吃饭）在情感上受到的折磨经历等同于有罪的剥夺。再次强调，有的创伤是留在心上的抛弃或背叛。对于这个男孩可能造成的结果是什么？在《欢愉，拓宽觉知力》（*Joy, Expanding Awareness*）中威尔·舒茨（Will Schutz）说：

　　一个有着过少的融入，会被人称为是社会化以下的人倾向于变得内向和退缩。在意识里，他想在自己和他人之间保持这种距离，坚持认为他不想和别人纠缠而失去自己的隐私。但是无意识里，他绝对想让他人对他有所关注。他最恐惧的事就是别人会忽视他，对他没有什么兴趣，而且很快就会把他抛在身后……他最深的焦虑和自我概念有关，就是他没有价值。

　　这个男孩经历的情感荒芜注定要深刻地影响他的成年关系。我们只能在结果上进行猜测，这会使他如何挣扎于自己令人怜惜的无价值感，还有他那不被爱的自我——不被允许分享最亲密的家庭日常活动，一起吃饭（在这儿想起了 Betty 的故事）。

没有人能绝对地说下面这种情况中孩子所遭受的痛苦是更多还是更少：一个 8 岁的女孩定期会遭到哥哥的性虐待——被他描述为一种"游戏"，并且她一直保守秘密，因为她相信如果揭露的话就会破坏他们的家庭。这里，我们再次看到了对排斥在外的恐惧，连带着潜在的熟悉的诱饵：例行的虐待是她所知道的全部（并且她也习惯了），并且家庭的状态是至高无上的。所以她什么也没说。

在这里，我们可能要问自己，无意识中的支持者和隐藏的控制者，哪一个在这些可怕的解释中起作用。下面的话也许听起来过于简单，但我想指出，在童年时期支持者发挥的作用是保持创伤记忆被隐藏或者被否认，因为这些常常是我们在最脆弱的时候能够从虐待中得以幸存的方式。而且，从广泛的研究中我们得知，真正骇人听闻的历史会引起至关重要的分裂，像是从现实中分离的心理碎片。沃克说道：

> 多重人格障碍的发展是对于同等程度的多重虐待的极端反应……当然，否认是虐待中特有的。否认的最实质部分是，拒绝有理由的争吵或者接受事实，即否认常常是超越敏感争论的一个成功手段。在虐待的例子中，一直存在针对推论的挑战，因为我们宁愿把一些虐待的事实想成不可能的。在多重人格上

更是如此。各种恐怖的虐待几乎都是令人难以置信的，这种场合下多重人格就会发生，而其对现象的否认可以由一种对这些恐怖的否认来解释。

暴力和枪支

达拉·弗雷尼（Darla Franey）是加州奥克兰的一位咨询师，擅长治疗儿童的丧失和悲伤议题。她的来访者大部分是非裔美国人，大多数年轻人报告称他们见证了家人或亲朋好友被杀害的过程，一般是在大街上遭遇枪击。奥克兰的谋杀率在所有美国城市中位居第 4，报告黑帮组织的学生也比平均水平更高。这一区域有毒品贩卖、使用和滥用的问题，即使在父母都健在的家庭中，孩子也成长于一个社会经济状况很不好的环境中。尽管达拉·弗雷尼在最初非常害怕自己的安全问题，但她还是选择了在市中心护理圈（Circle of Care）做实习工作，因为她认为这些孩子比大部分人更需要治疗。年轻的来访者向她诉说遭受噩梦、睡眠、依恋或攻击性行为的痛苦。核心议题很明显，但是如何帮助这些孩子们呢？她告诉我：

我大量地使用沙盘。孩子们从各种玩具中选择（人、动物、神话角色），他们一边讲着故事，一边把它们放在沙子里的关键位置。随着几周时间过去，我们的工作有了进展，故事主题的最初"图像"开始改变。我观察到一个六年级男孩（一个非常有攻击性的 11 岁男孩，行动中充满焦虑）发现沙子和玩具十分迷人，以至于他用沙子和玩具创造了一个史诗般的故事，好男人和坏男人斗争的故事。他在沙盘中使用龙、鹰、猫头鹰和其他动物，这场战争持续了很多次疗程。我偶尔会做些评论，对他的行动做旁白，或者意译他说的事情，直到最后，在这场大挣扎之后，好男人终于打败了坏男人。

随着我们日渐清晰善战胜恶的主题，我开始对此做出评论，回忆起当时他看着我的眼神，我现在的解释是对我的幼稚所表现出的吃惊，他说："那是一个小孩子的故事，但是生活并不真的像那样。"这么年轻的孩子已经知道生活并不总是公平的，好人并不总是能战胜坏人，这真是悲伤的事情。但是，这给了我们一个好的开始，我相信我们的工作帮助了他。

暴力和帮派斗争目前在亚特兰大双边都普遍存在，持续不断的悲剧引起了我们的注意，为了毒品而使孩子惨遭毒手，还有严重的忽视、饥荒，甚至是谋杀。我们不需要在这里讨论社会服务、心理健康工作者、整个治疗关怀领域所面临的问题（在这里讨论也是不合适的），这些问题很有可能在 21 世纪越来越多地涌现出来。但我们确实需要认识到不管怎么看，我们都是在处理虐待问题。

对孩子的心灵（psyche）、身体和精神（spirit）施加虐待，所有这些都是有害的，对生命来说是创伤性的。任何治疗师和咨询师希望达到的最好结果就是从这些受伤的人的肩膀上卸下一些负担，就像达拉·弗雷尼着手帮助年轻的非裔美籍来访者锻炼更强大的接纳性一样。总的来说，通过几周时间，他们理解到生命可以很艰难，但不需要孤独。值得称赞的是，这个男孩没有分裂为多重人格障碍，不管他曾经被暴露在多少暴力和丧失之中。某种意义上，他的内在支持者鼓励他找到了一个带着沙盘去他学校的白人女性。他们建立了一种关系，她理解了他地狱般的世界，他们分享了对于他承受的痛苦的洞察。慢慢地，他的故事被解封了，动物的身份和命运给了咨询师一些她所需要的线索来理解这个男孩，并对他的核心痛苦有所治疗。

现在，我们回到那个女孩的案例上，她的哥哥每周在她卧室对她施虐一次。这里我们看到她的隐藏的支持者如何工作，她的隐藏的支持者在那些年里一直将哥哥的不适宜到访从理性中隔开。但是，当她成长为成年人，婚姻危机将她带入咨询室时，同样的支持者促使隐藏的材料浮现了，最初（像我们之前看到的）看到的是具有恶魔般的企图、惊恐发作、噩梦和对于她丈夫的歇斯底里般的不信任。但是，之后便开始迎来更好的情感生活。

时 间 问 题

治愈通常是时间的问题。她准备好了获得帮助去面对那些本不能面对的事；她现在的关系问题还可以再等等。她对一个女咨询师讲起早期经历，咨询师指出了这些经历中她的天真，以及她如何被哥哥欺负却为了他的快感做了一些行动；她的母亲如何在情感上缺失，没有意识到所有发生的事情并非其应该发生的样子。治疗周期并不短。在数月之间，要把这些观点和她当下与丈夫关系的崩溃整合起来，还有很多工作需要做。她对于为了寻求婚姻指导而前来咨询有过小小的疑惑，和伴侣之间不可避免地会浮现信任问题，而她不知道童年的秘密与此有何关系。过去并不是全都过去了，正如每个人都有过去；她此时此刻的痛苦直接和童年期的背叛经历相连。

咨询师很快识别出过去的性虐待可能的含义：来访者以一种自我隐藏的方式走进了房间，坐在椅子上，双腿紧并、双臂抱起，带着一种防御性的表情，不愿意与咨询师有目光的接触；随着时间的推移，咨询师有技巧地提供了一个安全的情感容器，并慢慢成为来访者曾经缺少的能够提供关怀和观察的"母亲"。最终，治愈性的愤怒浮出水面，整合工作可以开始了。

在我们离开虐待的主题之前，要补充说明的是，虐待有很多伪装，并不总是这么容易辨认。如果最恐怖的例子是那些毁灭性的——身体上的、性方面的、心理上的（如那个在用餐时间被排斥的男孩）——那么不太明显的情况也需要我们仔细审查。一个过度受宠的孩子、过度为父母的个人需要而服务的孩子，或者其父母没有情绪边界的孩子，都可以说是虐待的牺牲者。只要边界遭到了破坏，而去为另一个人自私的、神经症的或者不稳定的要求而服务，我们就会看到一个脆弱的年轻人的权利遭到了侵犯。即使细微而非强大的虐待也是有损害的。

一个例子浮现在我脑海，一位单身母亲非常愿意让女儿和她同床而睡，直到女儿步入十几岁的年龄。她非常喜欢女儿给自己带来的温暖，并互相提供安全感。尽管毫无疑问她们之间没有性侵犯的问题，但却存在另一种虐待，因为这个母亲还让小女孩任意差遣她，按照婴儿期的突发异想而行动，来实验她到底可以走多远。多年后，她女儿有离家的困难，害怕一个人独处，因为没有她可以依赖的父母在身边帮助她面对外面的世界。

这个母亲未能培养女儿的独立性，无意识地受到了确认她女儿的依恋和永恒的爱的需要的驱使。这个例子中隐藏的控制者是她自己分裂的年轻部分，尝试重建自己曾经和母亲经历过的不健康的依恋关系，让这个循环延续下去。所以，她不知不觉地背叛了自己的孩子，未能帮助她学会自主性，未能发现边界的重要性：比如，小女孩在听到一个坚定的"不"之前能有多大的闯劲儿。多年后，这个母亲开始接受心理治疗，她的痛苦在于她的女儿和男人的关系看起来总是不对劲，以及女儿在 20 岁的时候开始食用毒品。

父母过于严厉的控制对于孩子的自我认同感同样是有害的，如不理性的要求、诉愿需要（pleading need），对表现或贡献的不适宜期待，所有这些都影响一个成长中的孩子的幸福感和安全感。孩子不能知道正在发生什么，只是因为他们在童年的时候不能保持放松且平和的心态。他们发展出一种谨慎，总是小心地判断家庭成员的心境。在功能失调的家庭中，由于心理枯竭（psychological vampiring），他们逐渐失去了自我；这里的枯竭意味着侵犯了小孩子牵涉于其中的愿望，对小孩子自己的需要视而不见，对生命中情感血液一种全然的榨干。

这种虐待留下的伤疤有独特的特征。我们在咨询室中看到此类来访者主要表现出高度的焦虑、需要顺从他人、缺乏自主性；或者是相反的，在一种微妙的自大防御性的表演中，来访者一直会寻求把球扔回到原点，不愿意承认任何东西。这对于治疗师来说是一个很艰巨的任务。一个不投入个人情感的治疗师尚且发现来访者的极端防卫是令人受挫的，那么考虑一下，他们的伴侣该如何应付这种被如此顽固的阻抗所摧毁的关系。在下一章我们将通过几个例子来强调这一点。

在此之前，我们来看看治疗师的工具箱里的几个理论，这都归功于早期前辈们在心理健康中所做的开创性工作，尽管随着时间的推移，它们会被修订，正如我们可以期待一个世纪之后会发生的那样。市面上有无数的书籍非常专业地定义了各种思想流派，从弗洛伊德主义到后来心理咨询和治疗中基于问题解决的概念。本书无法将它们全部列出。我会列出我的工作基于以上关键理论的参考文献，它们能够告诉我们在治疗婚姻关系崩溃中的核心议题时的信息。在这个衔接点上了解这些理论会有助于澄清我们后面的讨论。

背 景 知 识

如约翰·罗温（John Rowan）在《现实游戏：人本主义咨询和治疗的引导》（*The Reality Game: A Guide to Humanistic Counselling and Therapy*）中所说，精神分析和人本主义心理治疗关于移情（transference）概念的一个关键区分是：

> 精神分析师认为，无论何种治疗，只要深入足以改变整个性格结构，移情便是唯一的最重要的元素。人本主义心理治疗和精神分析都将改变性格结构作为治疗目标，但是在方法上不同——精神分析师否认移情以外的任何方法能够足够深入地达成这个目标。移情是什么？移情是个体早年生活中一种重要关系的不恰当重现……它最常见的形式是来访者对治疗师有非常积极的（也许是性方面的）情感，或者是其他非常消极的情感……在移情中，治疗师经常转化为一个被来访者爱、恨或者害怕的父亲或母亲。来访者对这种投射做出反应，而不是像对待一个真正的人那样来对待治疗师。

罗温继续指出（如我们已经了解的），我们在生活中对很多事情的反应都处于我们意识的控制之下，还有一部分处于无意识力量的控制之下。我们在心里都有这些回音阁楼，某些带有正确"振动频率"的词语、手势或者行动在我们心中激起一个有力的噪声："治疗情境仅仅是更多地将这些带入我们的注意力范围，使之更难以逃避或否认……移情就在那里，不管我们喜欢或不喜欢，不管我们知道或不知道。唯一的问题是，我们要拿它做什么。"

来访者为了在咨询室中哭泣而道歉，为了迟到或早到一会儿而表现出焦虑，因为需要一杯水或者要去卫生间而说对不起，这些细小的表现间接地说明了他们的移情，或者是将他们对权威的旧有的恐惧感投射在治疗师身上，认为他们做了什么错事或者造成了不方便而使他人心烦。

在反移情（治疗师的感受）中，我可能想温和地指出，他们不需要担心我的反应（这里，"好妈妈"被"请来"了，觉察到自己想让这个受惊的孩子更加放松）；但是我一般会抵抗这种冲动。然而，这样做是可以很有建设性的，尤其是我等待移情中一个合适的时机或者在之后的一次会面中阐明我们真正在一起经历的是什么。正如在经典分析中，治愈空间在于通过来访者 - 治疗师之间关系的质量而在治疗室内使神经症得以呈现，不管它是消极的还是积极的——以这种顺序或相反的顺序呈现。

在我作为受训者最初和来访者工作时，我的新督导师使我认识到我背叛了一个正在离开的来访者（在我认为我们一起非常好地工作了两年之后），这使我非常羞愧，我没有让她进入她的负性移情之中（而且与负性移情斗争）。背叛源于维持我们之间积极舒适的感受；她表明和我在一起的时候非常开心，工作得很充分。但实际上并不是这样。我们都回避了她对童年期遭遇忽视的强烈愤怒——我们没有意识到在回避这一点，并且只有我应该为此而得到责备。的确，了解到自己的适应性防御再也不能提供帮助后，她离开得更有自信，但是，她对母亲的极大愤怒并没有得到全然清除。那种愤怒会不可避免地在未来某些关系中冒出来，有太多婚姻关系破裂的前例了。荣格主义分析师罗伯特·斯坦（Robert Stain）这样描述负性移情：

> 孩子在和父母的关系中体验到的情感受挫和理想破灭，会在负性移情中重建。分析性关系这一方面必须得到令人满意的解决；如果不解决，就不会发生内在的父性和母性的对立统一。这一体验在重建与灵魂的连接过程中是至关重要的一步。

这是一个荣格主义概念，原型在其中扮演了关键的角色。简单地说，我们可以说是多年以前我辜负了我的来访者，因为我没能使她认识到依靠她内在保护性的父亲来释放她对原始照顾者的愤怒。像她实际的父亲一样，我也退出了，更愿意和现状共谋，使咨询室中保持一种甜美的气氛。我太缺乏经验了，未能体会到我没有提供给她的东西。

她需要在我身上找到一种男性力量来帮助她修复粉碎的内在世界中的平衡，在那里缺乏男性-女性的和谐，或者灵魂连接，她父母的关系仍然在女儿的不幸中发挥着作用。像我的来访者一样，我也有一个没有情感的父亲，他宁愿息事宁人而不愿挑战我的母亲。只是在多年之后，个人体验起了作用，我才能理解到我的遗漏。

对伴侣们的一个打击

负性移情对咨询师或治疗师在会面中所起的作用在当时看来可能是不舒服的，因为没有人会觉得遭受语言攻击和敌对目光的注视是一种享受，即使他们知道这是投射过来的愤怒，而不是针对个人的。但是现在，想象负性移情在家里对一个伴侣的作用，他完全不知道正在发生的是什么，这种攻击在情感上可以是非常残忍的。

在无意识心理中的一些隐藏的控制者（如我们所知，自体的一个痛苦的年轻部分）喧嚣着它从早期创伤中得到的痛苦，叫骂着令人费解的或者充满恶意的评论，而这些会给倾听者留下惊吓后的战栗。它只是需要一个触发器或者共振（如罗温在治疗关系中指出的）来释放黑色的怒气。当痛苦最终爆发至表层，伴侣、孩子、同事、朋友会统统遭到攻击，而伴侣最有可能被卷入。说到底他们是现在关心的给予者，是另一个时间上的母亲或父亲，他们看上去并不一样，但是其态度、用词、面部表情会突然得到被隐藏的控制者激活——好像父母亲现在就在这里。

我们已经触及边界（boundary）的主题，可以看到，边界的缺失对那个被拉入一种不健康相互依赖的母女关系中的年轻女孩有着严重的长期影响。这是我们发现在其他功能失调的家庭中也会涉及的话题，人们并没有意识到保持边界的重要性（哥哥侵犯妹妹就是一个明显的例子），我们之后会涉及更多相关内容。不敏感的教养方式，可能会使得孩子的发展因为未解决的俄狄浦斯情结而被延误或者扭曲，也可能因为不能认识到在一家三口中保持边界的需要而受阻。尽管长久以来它因为被人认为是没有基础的、过时的理论而备受忽视，但弗洛伊德定义（1899 年）的俄狄浦斯情结在我看来仍然在这个世纪继续发挥着作用。

为了保证治疗结果的成功，在结束这一章对核心议题的搜寻时我提供一些建议来鼓励对核心议题的追求。梦境，不管在被来访者看成是多么琐碎和不重要的，它们都是通往无意识领域的非常重要的信息或指引，充满了支持者（和恶魔）的意图，企图提供线索来帮助痊愈的过程。我们能在荣格主义工作坊、研讨会上或者从我们自己的个人治疗中学习这种解释性的梦。关于动物的梦境，不管有多吓人，常常代表着支持者渴求从阴暗的内部世界中传递信息。那是我们本能的自体，有时是催促我们拥有更多勇气，通常是"咆哮"着立在地面上，而不是因为担心被报复而过于顺从或妥协。在一些种族中，传说曾经有一种风俗是在噩梦的第二天在篝火旁边庆祝这个噩梦，这时做梦的人能够得以帮助，继而认识到梦境中可怕的动物仅仅是尝试鼓励我们的本能，而不是破坏。

原型人物（如智慧的老太婆或智慧的老男人）会出现在梦中并指路，尽管他们可能以寻常的面貌出现，做寻常的事情——难题就是通过偶然的故事轮廓来问我们自己："它要说的到底是什么？"

揭示性材料

在家里安静地进行 15 分钟的绘画，比如描绘 5 岁时的自己，在下次会面时讨论这幅画，会为治疗师提供揭示性的材料。有一次我在一个专业工作坊上无意识地画了一幅画，我被自己画的这幅草图惊住了。在画中，我的母亲作为一棵巨大的树在花园之中，它的枝干以祈愿的样子张开着，而中间的主干有着粗糙的树皮，表现得像一个大大张开的"嘴"，好像在乞求着情感的滋养。我把自己放在难以触及的地方，在路上玩耍。这幅草图很好地说明了由于种种家庭情况，我发现自己不得不去扮演不适宜的反转角色（role reversal）。

最后，童话故事是可以有帮助的。《森林中丑陋的鸭子和宝宝》（*The ugly Duckling and Babes in the Wood*）在治疗室中有其 21 世纪的平行版本。最终出现一只美好的天鹅，不再困于他缺少共情的生活情景中，或者发现一对迷路伴侣在令人迷茫的森林中不相信自己能安全地出去，实践者所没有见证到的是什么呢？童话故事是永恒的。它们反映了心理场景，与现实场景无关。那些依然保留着孩童表情的成年女人，有着不适合其年龄的发型或穿衣风格，常常会将她们的生活引领到大部分能认同的童话故事的斗篷之下。长发姑娘、白雪公主和灰姑娘，都在寻找着英俊的王子（"父亲"的化身）来拯救她们。让新来访者说出她们最爱的童话故事的名字，常常能帮助治疗师更清楚地找出核心的情感议题。

一个抑郁的女人的故事很好地解释了这一点，她的童年无论在情感上还是经济上都是被剥夺的，在因为钱的问题而痛苦争吵之后她的父母分开了。为了不让出乎意料的问题吓到她，我看似很随意地请她告诉我最能产生共鸣的一个童话故事中的角色。她毫不犹豫地回答："卖火柴的小女孩。"这个女人穷尽一生为了寻找情感上的温暖，最后她试图在冷漠的婚姻中来创造这种温暖，但她绝望了，一切的努力似乎都没有成果，所有的希望都破灭了，最终她想用自杀来结束这一切。

她将最后的一根"火柴"点燃了：她来做治疗了。然后我们得以交谈锁在她的无意识中的卖火柴的小女孩，她太悲伤，所以不能运用任何力量，不能挑战她的关系。随着时间的推移，这些会改变。她的支持者劝说她点燃一些火光，而不是无休止的愤怒，在咨询室里点燃它来产生一种良性的愤怒之火。

抑郁常常是被压抑的愤怒的结果，童年期的经历教会我们，消极情感的丑陋表达不是毫无意义的就是危险的。因此，对早期受挫的健康反应被推进了无意识的深处，在那里，小女孩或小男孩认为它们过于危险，所以不能再次得到释放。如果当事人没有对它们做任何事，它们就在那里长大，有时候会经过几十年，有时候会经过一生，对这个女人来说，被传统所捆绑（并且有意思的是，如果她离开这段婚姻，她会担心必须依靠自己而经济独立的问题），服从了几十年之后，她的绝望最终将她推向改变。

疗愈之道 •┄┄┄┄┄┄┄┄┄┄┄┄┄┄┄┄┄┄┄┄┄┄┄┄┄

对于治疗师而言，对接下来会发生什么保持一颗开放的心是首要条件，尽管如此，在前几次会面中应该清楚来访者的核心议题可能是什么。来访者表现出来让咨询师或治疗师关注的内容，有时候和他们当前真正问题的核心相距甚远。这并不是说来访者很糊涂，而是他们并不知道内心感到的痛苦到底是什么。它可以是一段不开心的过去中长期压抑的旧事，或者是从他们父母的童年伤痕中溢出来的内容，或者是二者的结合。某一种危机常常会将一两个人带入咨询室，"压死骆驼的最后一根稻草"推动了修复崩溃关系的步伐。

虐待常常伴随很多伪装而来，并不总是表现为带有瘀青的身体或性方面的虐待。在和那些有可能遭受虐待的来访者工作时，在谈那些虐待的行动或者任何可能指向虐待的议题之前，在治疗结盟中建立一个安全的情感容器是非常重要的。受害者依然是脆弱的，他们需要等待一段时间来感受自己是否足够信任治疗师或咨询师，而将他们的秘密全盘托出。对遭到排斥的恐惧（最初是恐惧被他们的家庭所排斥，随后这种恐惧扩大到成年期更宽广的联络圈中）是他们年轻时保持沉默的一个重要原因；还有内疚（他们可能曾经喜欢过那种关注）或无价值感会很快浮现在意识层面，他们会开始相信他们将以某种方式受到指责。

如果一直保密，性虐待就会变成一份悲伤的遗产；如果任何一方伴侣都不知道，或者一旦知道也不会接受这种情况，那么它对婚姻的影响是灾难性的。治疗的主要目标必须是帮助来访者了解到受害者是不应受到责备的，他们的家庭缺乏安全感并不是他们的责任，迫害者的背叛或者照顾者未能觉察到虐待都是深深留下伤痕的原因。

心理虐待可以和生理虐待或性虐待相比较，单单情绪痛苦就可以折磨一个孩子。在另外一个类别中，尽管并非明显具有虐待性，但持续发生就能对孩子引起持久性的伤害。父母可能为了满足自己的需要而过于宠溺孩子，或孩子通过角色反转来滋养某个父母，或者他们可能和父母某一方共谋，使得父母用不恰当的方式侵犯了他们的边界，类似地也是在为他们的个人需要所服务。这些年轻人会走到社会上去，对于由其习惯化的行为方式所引起的他人的敌意对待毫无准备。未来的关系很可能会令其受苦。

为了找准核心议题，我们需要熟悉心理治疗经典理论，以及基于人本主义心理学、格式塔方法学、主体间和依恋理论等理论之上的变异；因为这些理论数量繁多，形式多样，我们在这里不能一一列出，但读者可以很容易地在网络或图书馆找到相关资源。对荣格主义梦境解析的一定了解在咨询关系中可以起到帮助作用，还有自发绘画以及找出在文化背景下的哪一个童话故事最能引起来访者共鸣，也是有帮助的。

观察身体语言是很能说明问题的。觉察来访者身体的特定区域（手、腿、双臂的姿势，任何让他们看上去很舒服或很不舒服的姿势，或者面对面的眼神交流），因为这些都是内部混乱的线索。同样重要的是关注来访者的呼吸：当然，急促的浅呼吸暗示高焦虑水平；但有时焦虑到一定程度反而几乎让他们停止了呼吸。这时可能很必要地催促他"呼吸！"然后温柔地暗示他们做几个深呼吸（先让空气充满肺部，然后慢慢从肺中把空气呼出来），帮助他们平静和回归，在慢慢吐气之前屏气一小会儿。重复这个练习五六次，直到紧张得到松弛。建议他们在家做这个练习，理想的方式是敞开四肢躺在地板上，将头枕在一本书或一个枕头上。

在下一章，我们会从内部世界的角度看到更多人格面具，它们居住在无意识之中，在童年期形成，补充并支持着前线的防御者。

第 3 章

Relationship Therapy

其中一个"我":次人格的防御机制

> 每个人的心里,都有无数个"我",日升月落,时光流逝,其中一个"我"却被困在了原地,被"仁慈的暴君"捆住手脚,任由灵魂独自在无意识的荒原上逡巡流浪……

戏剧中的反派小丑，在继续上台演出之前在更衣室里喊出他的绝望；著名的艺人孤独早逝——我们都承认这种特点的悲剧性。他们都有一个原型。在我们的想象中最合适的例子是 19 世纪列昂卡瓦洛（Leoncavallo）戏剧《丑角》（*Pagliacci*）中，小丑卡尼奥（Canio）为了取悦观众装扮自己，却在哭泣和极度痛苦中失去了钟爱的人。这种原型在流行艺人中此起彼伏，他们似乎就是过着这样孤独、古怪的生活。这些男人和女人唤起了我们的遗憾：他们是如何变得这样风趣和成功，又如何变得这般痛苦？如果探索内心世界的话，称之为自相矛盾或许会更容易理解一些。

喜剧演员 / 逗乐小丑

一位来访者曾经试图用他的魅力令我开心，这明显是一种自发生存机制。很快这种特点变得更加明显了，这是他确保关系安全的方式。他的表现（自然地妙语连珠，温柔地咯咯直笑）被修饰过，很有魅力。我开始描绘一幅小男孩的图像，可以看出来他经常努力逗母亲开心。为什么？在紧急关头什么能使一个成年男子继续扮演童年的防御性角色？答案很快变得明晰：伤口太深以致无法改变这种幼稚的方式。在咨询室里，他依然相信必须逗"母亲"开心。

当时的 Max 只是一个孩子，出生数月后父亲离开了家。母亲因为被抛弃而陷入抑郁，并可能（虽然这无法知道）进一步陷入产后精神疾病的悲痛中。"她一直在哭。"他回忆道。难怪她的小男孩尽可能地用滑稽的言行，用儿童绝望的尝试吸引她的注意，使她开心。

如今 50 年后，Max 依然用这种方式获取喜爱。如果我们将 Max 和 Julia 的历史相比较，在结果上会出现有趣的临床差异，Julia（无法在她母亲的 "盲眼" 中找到有效信息，正如苏美尔人神话中形容的死亡之眼一样）长大后不敢看任何人的眼睛，生怕再一次发现眼中的 "虚无" 反映出的缺失。

Max 以前一定与母亲十分亲近。不过令人绝望的是，她更多地通过目光接触来培养与婴儿间的默契。他在童年的滑稽动作源于被看护时一个不小心的翘翘，通过这个先让母亲开心起来，为了之后能受到母亲的抚育关怀。

做好结束的准备

果不其然，Max 成为一名医生，一名抑郁的医生。熟悉的吸引引导他为患者提供更多服务，同时远离了满足他已经准备好结束的人生。他的喜剧演员，或逗笑小丑的次人格几乎消耗殆尽。他不再准备创造温暖让屋子里的人们开心。当他试图逗我开心时，感觉那是他魅力中最后的残余。最初他看起来很挫败，好像生存手段受到了威胁。所幸，他学会运用多才多艺，当他开玩笑时能够享受与人相处的快乐，最重要的是允许自己适时地流泪，而不是抑制自己，远离母亲的不幸。

在身体语态中，Max 是罗温《生物能量学》（*Bioenergetics*）一书中所说的受虐型人格的典例。受虐狂等同于公众心目中愿意受折磨的人，或者有体验身体痛苦的变态需求，以便享受性爱，我们需要指出，这个观点在生物能量学方面已经从假设中移走。正如罗温解释的：

> 他确实经历过，因为他无法改变情况，我们猜测他希望维持这样……受虐型人格结构描述了一个人遭遇不幸而哀号或抱怨，但依旧顺从。顺从是受虐型人格结构的主要倾向……如果他在外显行为表现出顺从的态度，他的内在就是相反的。从更深的感性层面看，他有强烈的怨恨、消极、敌对和优越感。然而，这些感情被严重地阻断了，因为他害怕自己可能会发生暴力行为。他通过强有力的方式对抗恐惧的爆发。厚重、有力的肌肉限制了任何直接的声明，只允许哀号或抱怨。

这正是 Max 表现出来的：短小粗壮、结实的肌肉包裹着臂膀和臀部，他对我的挑战是抱怨而不是直言不讳。不过他内心的愤恨开始骚动，防御已被我察觉，这令他害怕。幸亏我和他在一起的时候为他打开了安全大门，让他可以放心地说出负面情感。我们开始建立健康良好的关系，他不再需要依靠那迷人的机智言行取悦我。罗温再次说道：

恭顺和令人愉悦的态度是受虐型行为的特点。在意识水平上，这种态度被认为是试图讨好；然而在无意识层面上则被憎恶、消极和敌意否定。在受虐个体能够自如应对生活状况之前，这些压抑的情感必须得到释放……占统治地位的、自我牺牲的母亲亲手扼杀了孩子，她对任何企图都极度内疚，不论是宣称孩子自由还是断言一种消极态度。

Max 是这样一个孩子，他的幸福完全依赖于他的母亲。当他去学医以及结婚的时候，他对新娘的选择竟然是另一个像母亲的女人。妻子在感情上让他难以喘息，家庭生活也十分紧张（目前有两个孩子），然而绝对的控制令 Max 再次顺从。

随着婚姻的持续，Max 的抑郁情绪加重。他害怕改变现状，担心微小的变化都可能比眼下更糟，于是他和妻子的关系现在处于停滞状态。他的妻子也抑郁了。"实话说，为了保证我们婚姻的名声，我想我们会这样纠缠至死。"Max 说。这点应验了，妻子得了绝症，并于两年后去世。此后一年，Max 来接受治疗。为了确保这样的生活模式不再重复，他希望建立一个新的关系，决定他能做的事情。我觉察到他的抑郁源自童年时期，他也相信自己需要在我的帮助下谈论童年时期的事情。他在很大程度上觉察到了自己诱惑性的防御，无意识的生存工具堆满了他人防御的魅力，在婚姻中共谋的特质下，他为另一半的需要服务了太久。在某些时候，他意识到童年时期的创伤或多或少依然驱动着现在的行为。

在这个故事中，强大的隐藏的控制者在哪里？ Max 的信念是必须讨好照顾者（开始是妈妈，之后是妻子）使她们继续为他服务，就像一个男孩，会在似乎永恒不变的时空中继续扭曲坚持，只要让他有所获得，如充满爱意的微笑以及赞赏的笑声。但是愤怒的潜在压抑并没有释放，叛逆业已爆发（特别在他十几岁时），最终崩溃为绝望。

他的婚姻最初充满希望，最终又失去希望。因此控制者（他内在的小男孩）变成了他的恶魔，每个早晨都闷闷不乐地说："这样做的意义是什么？何必呢？"然后熄灭取悦他人的那盏灯。他人不再开心，因为他付出了过度的努力。在妻子去世后的几个月里，Max 的抑郁情况加重，他的喜剧演员／逗乐小丑的次人格感到了疲倦。

Max 第一次主动接受治疗时，再次经历了那种情绪体验。他试图从一位女性那里赢得微笑的赞许。然而，房间里有一种令人疲惫和痛苦的感觉。他的支持者／恶魔在关键衰竭的时刻引发了他这种行为，所以我们急需对 Max 进行治疗。

需要去保护

正如我们看到的，在来访者呈现的问题中，核心问题的线索往往依赖于起作用的次人格。"神经正常"的人倾向于自省内在自我的剧中人（internal dramatis personae），即使外部环境唤起次人格，其自身也可以识别——比如会自发扮演蠢人，或老师／说教者的角色。

这些人的内心世界存在着极端人格的一面，这种人格特质可能被控制者控制，如 Max 描述的那样。它们服务于无意识的需求，以改善、维持或保护自我生存环境。但在某种程度上，它们可能会使主要人格不健康甚至，破坏主要人格。

随着其余投影在神秘的无意识领域中被压抑的内心成分，次人格在童年期开始形成。对外人而言，乖乖男（mummy's boy）或乖乖女（daddy's girl）听起来并无大碍，闪入脑海的也就是溺爱儿子的母亲，或为美丽的女儿高兴自豪的父亲。实际上，事实很少会像表面看起来那样。很多情感欺诈、虐待和猎奇很有可能成为这种家庭二人组的心理背景。这些情况通常隐藏于来访者所呈现问题的背后，不过来访者本身不会意识到原因。

治疗师需警惕这样的事实，现在坐在他们面前的，某天可能成为小王储（petit dauphin）或小王子（little princeling）；或许是无法长大的公主；仁慈的暴君（benevolent despot）确信为了孩子们好，必须控制他们；英雄，来扭转败局；法官、破坏者（saboteur）、替罪羊。这样的次人格几乎永无止境，治疗师能够通过关注他们识别这些隐秘的特征。

或许最痛苦的次人格是小王储、小王子，或像荣格说的不朽的男孩、永恒的少年（puer aeternus）。和这个客体对应的女性是永恒的少女（puella aeterna）。荣格学派的心理学家玛丽路易丝·弗兰丝（Marie Louise von Franz）（2000）在《永恒少年的问题》（*The Problem of the Puer Aeternus*）一书中对比进行了讨论，巧妙地解释了荣格的概念。

　　小王子取代了他那在身体上或情感上都缺席的父亲，在日常生活中成为王后母亲的国王。毫无疑问，他的性需求转换成了配偶的角色。通常，女性对性欲并不感兴趣，而是更喜欢听话的、愿意付出的（并且没有要求的）儿子的陪伴，儿子顺从她，可以和她做朋友并且对她忠诚。当身边没有一个男性作为角色榜样来行使心理功能的时候，男孩会成为母亲的奴隶，不由自主地成为母亲需求的受害者。通常到达这个阶段时，男孩必须和母亲一起度过（可能会失败）俄狄浦斯阶段。

　　在俄狄浦斯阶段，有大量证据表明早期性欲发展期为 3 ~ 5 岁，这时的小男孩会无意识地想占有母亲，排斥父亲。所以 20 世纪初，由弗洛伊德引入的精神分析理论借用了这样的希腊神话故事：俄狄浦斯毫不知情地与母亲成功结婚，更可怕的是还意外杀死了父亲。弗洛伊德认为：

　　　　他的命运触动了我们，只因这或许就是我们的命运——像他一样，先知在我们出生前就将这样的诅咒赐予我们。或许，这是人类的命运，指引我们第一次对母亲产生性冲动，第一次对父亲产生愤恨，产生行凶和对抗的欲望。

　　今天的许多治疗师（和精神分析师）会不同意这个观点，然而，在我们的治疗过程中，不管呈现的材料多么模糊，多么混淆核心问题，我们依然会听到俄狄浦斯故事的回音。（俄狄浦斯情结的女性版本当然适用于女孩，我们之后会回归这个话题。）如何避免俄狄浦斯情结？简单地说，在一个情感和功能都正常的家庭中，小男孩会从他内疚和矛盾的冲突心理中获救，当他看到父亲坚定地关上身后卧室大门时，说明（在他与母亲爱的互动中）他只能独自呐喊。

小王子常常没有心智健全的男性引导他，比如在合适的时间回到自己的卧室；尽管他可能在父母床上受到父母的欢迎，如早上的拥抱和家人之间的逗乐。因为缺乏觉察或者是不明白正在发生着什么，而不能敏锐地引导儿子顺利度过俄狄浦斯阶段，或者是父亲根本就不在场，父亲就看不到这些。

消 极 遗 产

在功能失调的家庭中，父亲并不一定是通过身体的缺席而为儿子留下消极遗产：如果父母的性生活缺乏活力，那这个年轻人将来会存在很多隐患。当夫妻之间几乎没有或根本没有亲密言行时，不论是关系本身还是卧室门后不为人所知的一切，男孩都会在无意识地知道这些，俄狄浦斯阶段始终保持着强大的能量直至得到承认。随后，当男孩长大并忘记早期的驱力时，这个阶段会成为隐秘的力量。

如同在小王子情结的例子中，这些问题没有得到解决或内心没有得到滋养，那么小王子在未来与女性的关系中将不可避免会遭受痛苦，通常其潜在的原因藏在特定的伴侣关系破裂的背后。小王子依旧和母亲捆绑在一起，无法在他的心理构造中找到具有穿透力的推力帮助他切断这种依赖，冲入社会。他依旧在心理囚室（psychic prison）中生活，许多方式更像个男孩而不是男人。正如阿利克斯·皮拉尼（Alix Pirani）在《缺席的父亲：危机与创造力》（*The Absent Father: Crisis and Creativity*）一书中阐述的：

> 由于丈夫在家中的能力或权力都处于弱势地位，妻子和丈夫并没有充分地"在一起"，这种情景的痛苦是尖锐的。这个架构中没有男性的延续：除非有一个工作区，一个男性共享区域（比如"王国"），对男性来说，它是一个家族企业或公认的互惠互利的生活方式，那么父亲和儿子之间会进行继承谈判，儿子要长到成年，否则无法继承，而它却关注了与母亲的情感关系中的退行情景。因此父亲会和日渐长大的儿子分享他自己的能力，来充实他的力量，而不是排挤儿子，不是把手无寸铁的儿子送到外面的世界或抛弃他，也不是毫无防备地站起来对抗母亲。

以上情况的典型悲剧人物是 William，一位刚被解雇的 38 岁男人，需要通过心理治疗克服抑郁。当谈论到母亲时他说：

> 我即将离开学校，思考从事什么样的职业时，她很奇怪，含含糊糊的样子。不管我对什么工作好奇，她都会激动地拍手说这个会有多好，在她那里我感到毫无头绪——她对最愚蠢的

想法都感兴趣，任我在困惑中挣扎。父亲从来不和我进行正常
的父子聊天，没有很好地协助我规划可能会实现或投入的职业。
他是一所大学的艺术讲师，完全可以和我一起探讨以我的能力
有什么选择。我在家总有一种不舒服的感觉，母亲经常弥补父
亲的沉默，但坦白地讲，随着生活的继续，父亲越发孤僻。是
的，我被困住了——我是她的小王子，她对我倾诉并得到支持。
我喜欢这样，为母亲提供父亲无法做到的情感抚慰。我感到自
豪。虽然我感觉不对劲，但不知为何不得不这样做。

当 William 遇到 Jane 时，他们一起组建了家庭。随着 William
必须同时照顾母亲和妻子，夫妻关系开始动摇。母亲规定 William
要与其长时间通话，同时他背着 Jane 频频探望母亲，Jane 对此深感
怨恨。William 多次休克证实了这个转折。Jane 越是担心缺乏收入，
他就越退到年少时的白日梦状态中。好像这些年来，他和母亲总以
同样的方式使得他漂浮的愚蠢想法获得新生。William 无意识地迫使
Jane 满怀热情地看待现有规划，但这种愿望不切实际。他十分希望
Jane 可以像母亲那样对他有所回应，庆祝这些可笑的想法。尽管她
有些地方有所欠缺，但始终以互惠互利（reciprocal stroke giving）的
方式激励他。这次 William 并未打算寻求鼓励。Jane 对他男孩子气
和不切实际的雄心越发感到生气。他们的伴侣关系面临危机。"成长
起来！真实一点，William！我很讨厌你这些愚蠢的想法。我需要你
找一份工作，而不是活在梦里。"Jane 失望地说，准备弃他而去。

在治疗时，William 作为缺席国王的替身回顾了他的人生。他看见母后，如何为了她的舒适而滥用关系掌握他，没有解放他，阻止他前去寻找属于自己的王国和相爱相惜的和他平等的王后。整个家庭的动力停滞。除非他能断绝对母亲的依恋并及时建立一个新的关系，否则他与妻子的关系将不会得到改善。如果父亲对母亲和他没有违背义务，这种停滞可能也不会存在。就像这样，William 和 Jane 被锁在一个新的牢房里，他们生出的任何一个儿子将来都可能重复这种模式。可是没有人告诉 William 这些，他又如何知道作为父亲的责任呢？

并非井然有序

大多数父亲都宠爱他们的小女儿，大多数女儿喜欢被她们的父亲所疼爱。受困于他们的这种令人陶醉的方式，女儿成为一个任性的生活颠覆者。大多数父亲都发挥了令人满意的保护作用，家庭中男女婚姻才能井然有序。不过父女关系中也有一种类型并非处于很好的秩序，留下令孩子感到困难的遗留问题。女儿通常非常聪明，聪明的她似乎注定要和同样聪明的父亲一起涉足险路，特别是在童年晚期和青春期。她是父亲的小公主。

或许上述问题基于这样的事实，女儿通常发现她在世上的身份最早源于父亲：发展是并行的，从俄狄浦斯阶段的变化（女儿第一次对性欲的探索）到智力潜能都得到了蓬勃发展，如果再拥有女王的智力的话，父亲将会为之得意。这是令人兴奋的事情，令人陶醉的能量被锁定在精神层面，存在于一个令人激动的秘密联结（bond）中。这不仅仅是一个巧合。我已经多次在咨询室遇见，并相信要求进行治疗的人中多半与这样的巧合有关。让我们来看 Laura 的故事。

父亲的小公主

Laura 来自一个庞大的家庭。她缺少母亲的抚养，因为母亲在感情上并不亲近，只关注她个人职业的发展。她的父亲在家开办咨询业务，一有时间总是鼓励他聪明的小女儿谈谈学校的事情。时光荏苒，父女俩在学术之外又有了共同的兴趣——考古学。一有时间，他们会收拾行囊，花几个星期出国进行各种考古挖掘。

现在，除了婚姻中性的方面，Laura 已经在同伴关系的所有重要方面取代了母亲。她的父母都对性不感兴趣，性爱元素长期缺失。这又是婚姻情形中的停滞（是指在小王子的动力中），它诱发了隐藏的性能量。反过来，这会导致父女间的心理障碍。Laura 将会变成长期的、并不恰当的父亲的乖乖女，父亲最珍惜和渴求的女伴。

正如荣格派分析师马里昂·伍德曼（Marion Woodman）在《被迫害的新郎官》（*The Ravaged Bridegroom*）中阐释的：

"父亲的小公主"是被父亲选出的孩子。被他的爱祝福，也可能被他的爱所诅咒。在父亲的王国里，她处于特殊的位置，这使得她处于一个王位上，对大多数王子来说，遥不可及。她的皇冠用冰雕琢而成，远非母亲之土的温暖滋养。生命线是为父亲而设的女儿，会尝试忽视母亲身上并不为她而存在的部分。父亲既是她珍爱的母亲又是她珍爱的父亲。为什么要被那些从来都不起作用事物所影响呢？如果女儿决定接受分析，几乎可以肯定她会找一位男性分析师，因为她尊重男性胜于女性，面对男性时她的能量更具活力……不喜欢女儿出生的母亲毫无缘由地离开了女儿。相似地，母亲的母亲和外祖母可能也没有很深的根，那种将女性身体与大地连接在一起的根。不论原因为何，对她来说，她无法获得她自己的本能生命。作为被剥夺权利的女人，她经营家庭生活就像她经营自己一样，充满了应该做的、要做的和不得不做的，所有这些加起来成为权力。生活不是爱情之水供给的，而是源于意志的力量，要求完美、永恒的完美（*frozen perfection*）的意志。同时，父亲可能实际上不是国王而是伙伴，所以父亲和女儿会在无意识中联合起来对抗暴力的王后——像女统治者一样的母亲。

这个觉察恰好概括了 Laura 的背景。Laura 的母亲确实在情感方面有所缺乏，在女性特质方面严重缺失，这是长期的原因导致的。为此，她的父亲很可能觉察到了疏离，直到女儿将温暖和乐趣带入他的生活。

性能量可能沉入地下，但依然存在，这在他们咯咯笑的游戏中可见一斑，玩游戏时，爸爸围着房间追着女儿玩耍，当他抓住她的时候会长时间抱着她，可能过于紧密地抱着她。在俄狄浦斯阶段（当她五六岁时）她沐浴在爱慕的关注中。毕竟这是她与生俱来的权利，它鼓励她发现自己的性感。女儿很享受成为爸爸的小公主。

青春期开始后，心理上的诱惑不明显了（不得不变成这样），一方面，Laura 开始感到他们之间强烈的情感纽带是危险的陷阱。他们魔幻般的世界似乎有说不清的羞耻感，虽然 12 岁的女孩并不太可能理解到个中原因。另一方面，她的父亲觉察到了，并开始警觉，于是开始以女儿身体变化开玩笑，通过嘲笑她找男朋友的想法背叛女儿对他的信任。

打 破 信 任

Laura 不只是有一个缺失和冷漠的母亲，现在还有一个嘲笑她的父亲，父母似乎只有在她取得好成绩时才会为她高兴。他们准许她采纳他的建议或指导，因为这是安全的（对他而言），并且是令人满意地完成学业的方法（对她而言）。但 Laura 心中破碎的信任感令她痛彻心扉。那个欣赏她的、对爱好有共同回忆的爸爸，曾经如此珍惜又亲密的爸爸去哪儿了？从此以后，Laura 这个苦命的年轻女子，倾向于与父亲有着相似外貌的男性交往，他们崇拜她或钦佩她的智慧。然而，没有人可以满足她潜在的需求，回归幸福童年的需求。

当她第二次婚姻开始摇摇欲坠时，Laura 意识到自己需要探索生活中的模式，于是前来治疗。Laura 定期逃到一个安全隐蔽的地方，借助酒精麻痹自己。同时，她有暴食症。看起来瘦弱憔悴的她，贪食、呕吐、喝酒。"我感到不舒服。"有一天她说，"我知道我看起来很没用，但这就是我，不是吗？我告诉自己我是一个废物，只有饼干和巧克力，其他一无所有，我是一个没用的东西。"

Laura 知道自己在说什么。在她青春期临近最需要爱的鼓励时，父亲开始反对她，她的自信在成长中一次次动摇。她需要听到一些提高自我价值的话语，但她没有。这是她本可以合上童年秘密纽带的书的时刻，就好像她已经扔掉了曾经非常热爱的过时的玩偶一样。她并没有得到温暖的接纳和为她即将长大成人而举行的庆祝。相反，在他们的缺席之中，Laura 内射了对她不予肯定的父亲（无意识中吞噬了父亲对他自己的厌恶并将父亲的负性情绪带到了她的精神世界中），并开始通过父亲的眼睛来看这个世界。

她认为自己已经让父母失望了，聪明的女儿辜负了他们的期望。如果所有科目没有连续拿到 A，即使她在学术工作上表现了极高的智商，学校报告在她眼中也还是像白纸上的小黑点一样刺眼。她在牛津大学赢得了一席之地的同时也自我怀疑。"这肯定是侥幸的。"她想，取得的荣誉越多，父亲就会越多地找出她没有取得的，"是的，做得很好，但你为什么不发表一篇真正重要的博士学位论文呢？"等等。

Laura 吸引了许多男性的注意，她享受每一次的新刺激，从不愉快中得到短暂的缓解。某种程度上说，他们使她回忆起和父亲共同寻找新的旅行地。但情感缺失，以及厌食导致的躯体化症状（somatized）使关系结束，令双方失落。Laura 和她的爱人重演着同样的场景，就像她十几岁时与父亲经历的那样。荒谬的是，她不得不一次次证明自己是无用的，然后又要求她的男朋友和婚姻伴侣像父亲那样，像对小公主一样待她。荣格派学者将其称为永恒的少女、永恒的女孩（参见 Marie-Louise von Franz，2000）。只有当 Laura 能够在治疗中面对痛苦，到达她从婴儿期就开始尝试逃离的那种恐惧和无力的地方时，她才能获得心理上的成熟。

让我们先偏离主题一会儿，我的脑海中出现了心理分析师埃里克森（Erik Erikson）提出的心理发展八阶段理论。他认为第一阶段（从出生至一周岁）是人生中最基础的阶段，孩子学会了信任或不信任。因为那时的小孩是完全依赖的，信任的发展基于照顾者能够提供温暖、可靠的食物和喜爱来源的可靠程度。相反，若父母情感上缺席，提供的照顾不一致，则会导致婴儿产生恐惧和不安全感，会认为世界是不安全、不可知，甚至是危险的。正如埃里克森在《儿童期与社会》（*Childhood and Society*）中说的：

> 每一个成年人，不管他是追随者还是领导者，社会的废物还是精英，都曾是一个孩子。他曾经很幼小。幼小的感觉在他脑海中形成了基础，难以磨灭。他的胜利将会对抗他的幼小，他的失败将会证实这个幼小。这个问题就好像说谁更强大，谁对谁能做

或不能做这个或那个——这些问题充斥着成年人的内心生活，远离了成年人所理解和计划做的必需的令人渴求的事情。

Laura 生命早期并没有安全感，几年后她很自然地将童年期的依赖转向了父亲，因为父亲拥有的慈爱。但是，当青春期来临时，她遭遇到了更多的背叛。数十年后，她发现自己需要帮助。我们的工作是引领她回顾感到无力的时候，回到初期，再次到达内心世界最不愿意触碰的地方。这意味着当她体验到原始的抛弃、分离或恐惧的感觉时，那种折磨又再次痛苦地回响，我们会有数小时默默地体验那种悲伤，仔细倾听她的梦境诉说的信息。然后进入她对父亲背叛的哀悼中。但是，正如她的治疗结语所说，她已经准备好理解和宽恕了，并意识到父亲也在美丽的小女儿那里失去了一个心爱的伴侣。遗憾的是，Laura 的故事不是唯一——有无数父亲的小公主存在，她们是情感缺失和源自遗传的忽略的受害者。

仁慈的暴君

我们已经知道次人格服务于无意识的需求，用来改善或保护自身所处的生活环境。当有一种强烈的神经症的推动力促使其通过某种姿态或特定的人格面具来得到某种幸福感时，我们会发现其伴侣和家人都会受到影响。恐惧、自我价值感低落、自信不足、无安全感都会导致控制的需求出现：当然，其中的理由便是，如果我们能有所掌控，我们在未来遭遇羞辱或丧失的机会就会更少。许多人利用"无所不知"（knowing best）"这么做是为了他们自己好"（doing it for their own good）等伪装，合理化了他们的行为，从而隐藏了他们需要控制他人的深层原因。事实上，仁慈的暴君是一位暴君，一个爱控制的怪物。不论是妻子、丈夫、母亲或父亲，在家庭成员关系中，他们显示了强大的破坏力，但它是如此的微妙，以至于这种影响似乎是受善心所驱动的，是对所有其他人除了他们自己的爱。

被裁员之后，已婚的 Marcus 陷入抑郁之中，为应对这种抑郁，他前来寻求治疗，在他的身上也呈现出上述内容。他越多地谈到他的无力，便越多地感到因令父母（此处没有提到妻子与孩子）失望而羞愧，同时，一个被过多控制的童年期的图片也越发清晰。他是仁慈的暴君的儿子，当他是个小男孩时，每走一步都被评判却很少得到鼓励。Marcus 从学校冲回家要宣布他在学校取得的或大或小的成就时，都会有一根针在那等着扎他，比如："很遗憾你今天在学校没达成另一个目标，他们本可以选上你的。"Marcus 习惯了相信父亲膨胀的无所不能的自我确认，长大后也依然相信这种全能感，几乎他做的所有事情都依靠父亲的意见。

当 Marcus 被解雇后，不像大多数人采取的应对方式，他崩溃了。他忧虑的不是害怕找一份新的工作，而是他令父母失望了，现如今，他明显不再是父母骄傲的源泉了。他极度抑郁，认为自己的一生是失败的，职业的失败再次确认了这一点。虽然是一个四十多岁的男人，他却依然习惯在写求职信时向父亲寻求建议，对自己的能力很不肯定。既然全家人都知道父亲的话多么明智，那当父亲能够写得如此之好时，为何自己还要努力尝试结果做的一塌糊涂呢？

"实话说，你对这个感觉如何？"我问道。

"我知道这看上去就是父亲对待我像对待小孩一样，但他永远都是对的。"

"如果任何人问你父亲，为什么你对待儿子一直像对待小男孩一样，你觉得他的答案会是什么？"

"基本可以肯定，他会说因为爱我才会管我，告诉我如何让我有最好的生活……有时爱需要严格的衡量，他的引导会使我更多地分享他的智慧。毕竟，他知道很多生活的道理，正如他所说的。父亲想给我最好的，仅此而已。"他的声音慢慢变小，好像是真相给了他猛然一击。这就是所有关于他父亲感到的需要，父亲需要间接的荣誉，需要感到不可或缺。

Marcus 决定这次职位申请不寻求父亲的帮助，并因此冒犯了迷惑的父亲，他后来冒了很多次险。最终，Marcus 离开了仁慈的暴君的控制，开始对自己的生活负责。他饱受痛苦的妻子很喜欢这个变化，就好像是他得到非常高的加薪一般高兴。如今，他们一起过着寻常人的生活。Marcus 的妻子认为，即使前面的路很难，也会一直坚持下去。

基 本 构 成

有人认为前面提到的次人格只在某些特定类型或群体的人中存

在。事实并不是这样。在我们的心理构成中，我们都多多少少有一些这样的次人格，它们存在的力量往往依赖基因、环境、家庭信念体系以及（最重要的）我们早期对消极经验的回应。因此，在我们的无意识塑造当前不同人格的方式中，恐惧是一种基础成分。

　　我们可能没有仁慈的暴君这样的存在，但是完全没有内心的评判吗？难道我们可以坦率地说，从来没有评论过他人的行为；从来没有因为某人看着令人不太舒服而远离他并停止交往；从来没有私下评论朋友或家人做什么或不做什么吗？只有当评论他人成为一种生活方式（例如收养是 Marcus 父母主要的途径），这个和其他次人格才能被认为是神经症的。正如我们早先看到的，突然出现的老师、喜剧演员和说教者并没有造成什么混乱。从他们的角度上说，他们可以是有帮助的、利于他人的或娱乐大众的——并且他们很快会再次消失。总是挫败他人并很少让大家开心的人被称为破坏者（saboteur）。这个次人格（如果有）可能是某种人心理结构中的固有人格。看起来是微妙的潜意识的做法，却与清除掉前方潜在的令人恐惧的情境有关，如会及时避开潜在可怕的情形，破坏者拥有非常强大的权力，因为他为了达成回避而采用的手段难以被精确地发现。

　　所有的一切似乎看上去是合情合理的：丈夫因害怕妻子会永远离家而独自出去旅行，会突发一系列的医学状况，需要妻子立即送他去医院并陪着他；情人因为偷情而愧疚，早上醒来后发现他的腰椎问题急需找骨科专家就诊（他是因为害怕遭到报复而出现这样的症状吗？）；天资聪颖的学生莫名其妙地考试失利，这样就确保她不需要离开家了。

看起来躯体是一种手段，破坏者通过它们可以获得成功的结果（满足它自己的需要）。引人深思的是，这些事情是如何发生的。那些单纯的医疗症状只不过是巧合么，但它恰好发生在不安分的妻子计划她的一次长途旅行的那天。正常的八小时睡眠却导致第二天早上起床很痛苦，背痛是否是提供了可接受的理由，取消秘密约会，同时也没有完全关闭未来会面的大门？这里，我们想到了希尔曼在《灵魂密码》中的评论，有关于我们的恶魔保护、发明甚至是使身体生病的能力。

我们又一次见证了无意识的超强力量。身体和心灵间的联系已经得到公认，它们都存在于传统医疗与神秘世界中。不过如果我们考虑上述例子中，其所呈现的精准的时间和顺从的身体反应，都是服务于破坏者的——那么这里它就是物有所值的。的确，它运作起来就像支持者（或恶魔）那样，谋划情境以取得好的结果；然而，差异在于，主体的整体幸福感并不是破坏者的目标。破坏者聪明的回避策略只不过是使主体远离麻烦而已。长远目标似乎并不重要，就像对儿童或青少年来说并不重要一样。或许我们可以这样理解，在潜意识里，治愈的工作在无意中被留给了支持者，等待合适的时机、合适的地点引导主体发生变化。

再举两个例子。一位女性来访者说她正考虑找份兼职工作，像以往一样，她害怕找不到满意的工作。那是一份很赚钱的工作，并且她需要工作。她说："当然，周期性偏头痛使我无法胜任全职工作。大多数的工作周我都需要请一天病假，我不希望自己被人认为不可靠。"她没有察觉到，她说的这些是破坏者已"安排"好的偏头痛，只要她觉得没有达到工作要求的顶峰就会有这样的反应。以往生病是她唯一可以避开侮辱、对抗上司的方式。许多年来她都没有意识到这种策略的意义，现在她只想简单地列个日程，确保可以没有任何尴尬地获得康复的时间。

她认为头痛是由于化学不平衡或遗传缺陷导致的。当问到她是否记得第一次偏头痛是何时开始时，她说："在获得设计师资格后上班的第一天。"信息已经很明确了，但她依然没有看到模式出现：她在潜意识里担心被人发现自己不够格，而且害怕摊牌（showdown）。

当然，偏头痛在她与丈夫的关系质量方面也是有意义的。起初丈夫体谅她，但后来对她的周期性头痛感到沮丧。此时，潜在的问题浮现出来，我们在疗程中也进行了探讨，来访者意识到她内在要躲避麻烦的驱力十分严重地影响到了她和丈夫的关系，这和她在职业前景方面所做的妥协是一样的。至此，我们开始对所有这些进行有帮助的工作。支持者/恶魔战胜了破坏者，推动来访者直面问题、解决问题。

为什么事情并不总是这样的，即恶魔会将它的意愿叠加在一个强大的次人格上面，对此我无法回答原因。我们无法知晓，也无法揣度，只能等待着未来新的研究或新的视角。

被 迫 酗 酒

第二个例子简短有力。一个恢复期的酗酒者，他的母亲中风住了院，他知道老母亲出院后需要他的照顾，他很害怕这种情况，于是再次酗酒自我麻痹。两年前，他因为醉酒驾车受到严重的惩罚。尽管他清楚任何进一步的违法行为都会受到更严重的惩罚，但一天清晨他依然在宿醉后驾车出行。最终被警察抓住了。

"这意味着我要坐牢。"他说，并深信不疑这是命运的安排。在治疗中，他承认会入狱一段时间，但令人难过的是，他觉得入狱要比照顾母亲好；现在照顾母亲成了别人的事情，他不需要再为此担心。他的破坏者费尽心机确保他被监禁，远离母亲的需要。只有仔细辨别这种莽撞地开车上路的做法是他知道自己处于醉酒状态下，我们才会彻底理解他的做法。"是的。"他惊讶地摇着头，"这正是我要避免的，与我母亲在一起。和她在一起，比进监狱还要严重。"

还有最后一个次人格是我们已经介绍过的。它潜伏在我们的无意识世界中，是最常见的人格。这个次人格叫作替罪羊。往往诞生在某个阶段，不是一直都有，小孩子很快会学会他在家庭中的角色是被批评、被追究责任、焦虑或其他。我们可以形容他们是噬罪者（sin eaters），对应着阿兹特克（Aztec）人的神灵的馈赠，吞食人们的邪恶以净化内心。

这是一种很容易被特定的人格类型接受的角色，通常是和蔼的、绅士的、顺从的成员，在普通家庭中，会被独断吵闹的兄弟姐妹利用。但我们关心的是这种情形下更加黑暗的一面，在这种情形下，恐惧，甚至是边缘的病理会推动着指责或惩罚朝向噬罪者的原初概念。替罪羊倾向于承担责任——或是其他人的神经症的承受者。

替罪羊中有个"淘气孩子"的例子，其所关注家庭中功能失调的动力的唯一方法便是将潜在的紊乱用行动表达出来，比如激动、频繁地发脾气。这样的行为不会与童年时期每天的情绪爆发相混淆，那时候孩子处于学习阶段，在尝试和检验他们的边界。然而年长一些的孩子，莫名的愤怒意味着他们在家庭环境中完全不适应。没有其他人能够识别并拥有家庭的功能失调：这些功能失调潜意识地落到了替罪羊的身上，并借他得以表达。

有个令人心痛的例子是，年轻人努力让爸爸妈妈快乐地在一起，不只是为了赢得他们的爱和认可，而是希望家庭生活对每个人来说都更加耐受。一个小男孩，发现父母为很多事情争吵，包括家务，于是他找到一种方式（如他想象的）来平息争吵：擦干净厨房、浴室和洗手池，直到它们闪亮发光。没有人注意到这一点。他继续这样，依然希望家庭和睦。长大后他自然继续扮演替罪羊的角色，因为家庭气氛紧张，他总会直接或间接地成为那个被指责的人，无论在家里、工作中还是和朋友们在一起时。他认为父母离婚一定是他的错，他应该再努力一些。对他来说，这种自我强化的信念不会停止。他背负了世界上的不好，他是人们的噬罪者。无法医治的伤病最终使他停止。当他出现躯体化症状，无法为他人很好地服务后，他似乎已经对为人们做好事这项使命感到了疲惫，于是回归绝望。

疗愈之道 •···

在来访者表现出的问题上，核心问题的线索往往依赖于次人格功能的鉴别。那些内心世界被占主导地位的次人格的强烈部分所抑制的人，更有可能被次人格控制。它们服务无意识的需求，从而改善、维持或保护生存环境；这些比由外部激发而引发暂时出现的逗乐者、老师或布道者这些次人格更为重要。

次人格已经嵌入心理结构之中，以防御进一步的伤害（假想的或真实的），这是更为重要的；在某种程度上，它驱使主体人格（the main personality）走向不健康甚至毁灭。它对关系造成极混乱的影响（伴侣、子女无法理解这些起作用的次级的、隐蔽的操纵者的强大影响），有时将会陷入绝望。

只有当治疗或咨询被认可是一种解决的方法，夫妻或个体才会有机会学着改变这种强大的影响，无论自己还是多年前受到的父母影响。首先，他们需要帮助以找到那些起控制作用的次人格，因为这些特征是儿童在成长的环境中日积月累缓慢而隐晦地形成的。

邀请来访者谈论他们的童年（开放式问题是最有效的方法，当他们讲述故事的时候，呈现的情感质量便缓慢提升）可以为找到主导他们生活的可能的次人格提供重要线索。由于恐惧几乎总是尾随其后，心理治疗工作必须聚焦于发现核心议题，然后聚焦于从它们的控制中强行逃离的新方式。

　　来访者通常会抗拒接受这样的事实：他们被养育的过程导致了如此灾难性的影响，而且关于这些他们是处于否认状态的。因此，我们务必注意确保他们在叙述过去时没有感到不忠于父母，并因而阻挡了痊愈的道路。在治疗中帮助他们确信没有谁是需要被指责的，这往往会推动治愈的进程。我们都是严重或轻微的受害人。多数家长已经尽了他们最大的努力，毫无疑问，他们是上几代人无意识中设计出的早期防御方式的受害者。

　　在接下来两章中，我们将会看到特定类别的成年伴侣经历的难题（和胜利），其中童年期、基因以及环境等因素对他们未来关系的质量起主要的影响作用。

第 4 章

亲密关系中的恐惧与不安全感

Relationship
Therapy

这样的情景常常发生：当伴侣中的一方千方百计地"求关注"，想与对方沟通时，对方却"看不见"，他的目光直接越过了伴侣，人还在，但思想已经抽离。这往往会刺激"求关注"的一方情绪更加激昂，甚至歇斯底里，而"看不见"的一方则更加冷酷无情地回避……在亲密关系中，如果一个人从不反省困扰自己的真实冲突，就总是会被无意识的恐惧、伤害、失望击中……

纵览一下从"强迫"到"偏执"的精神疾病术语，我们会发现身边的每个人都有点儿问题，就像医学学生在学习教科书时发现自己有类似的症状而杞人忧天一样。但是本章要说的是"正常的神经症"或者说"杞人忧天"，生活中有很多这样的人，他们绝对不会被当作精神病院的患者。我们要探讨的是普通人，他们就在身边。实际上，我们自己也在其中。

正如我们所看到的，每个人身上都有些许人格类型、次人格和性格结构。其中很多源自先天遗传、后天教养（或缺乏后天教养）等的结合。生物能疗法（bioenergetics therapy）的创始人亚历山大·罗温（Alexander Lowen）在谈到我们的防御发展背后的原因时如是说：

> 生活的基本倾向是趋向快乐而避开痛苦。这是生物本能倾向，因为在机体层面，快乐促进生命和有机体的发展，而痛苦则是对有机体完整性的一种威胁。我们向往并追求快乐而回避痛苦。然而当一种情况既包含快乐的希望，又伴随痛苦的威胁时，我们便陷入了焦虑。巴甫洛夫在狗身上做的条件反射研究，清楚地表明了一种快乐和痛苦并存的刺激是如何产生焦虑的。狗陷入一种窘境，想靠近食物，却又害怕这么做，于是陷入了一种严重的焦虑。

> 陷入被混合信号导致的窘境的模式引发了焦虑，这是所有神经症性和精神病性的人格障碍背后的罪魁祸首。在人的童年

时期，这种导致窘境的情况出现在孩子和父母之间。婴儿和儿童依赖父母，把他们当作快乐的来源，用爱与他们接触。这是正常的生物模式，因为父母给予婴幼儿所需要的食物、沟通和感觉刺激。

如同对身体的关注一样，亚历山大·罗温同样专注于终极分离，这种终极分离是源于为抵御更进一步的痛苦而进行的终身斗争。他认为，身体能根据不同人的人格以不同的方式反映分离，这是由个体的活力（冲动的强度，控制冲动的防御力）所决定的。"世界上没有两个人有同样的内在活力和源于生活经历的防御模式。尽管如此，为了能够进行条理清晰的沟通和理解，按照相关的类型分类来进行讨论还是很有必要的。"他补充说道。

情感不可获

言归正传。普利策奖获得者、20 世纪在精神分析和人类发展领域的领军人物埃里克森，在《儿童期与社会》一书中写道，在婴儿的第一年中，如果抚养者不稳定、情感上不可获或者以某种方式拒绝婴儿，就会在婴儿内心产生基本的不信任感。相反，通过悉心地满足婴儿的个人需求以提供信任感的母亲，会给予孩子一种稳固的自我认同感，这种感觉随后会结合这样一种意识——成为"健康积极的"（all right），做真实的自己，成为其他人所期待的那个人。他继续说道：

　　基本信任的缺乏将带来长达一生的潜在的软弱，主要体现为习惯性地退缩于精神分裂和情绪低落的状态中。我们发现，重建信任是这些案例的治疗中最基本的要求……（防御）机制（或多或少是一种正常情况）会在成年人遭遇有关爱、信任与信念的危机时再次出现，也是众多所谓"成熟"的人对敌人和对手的不合理态度的特点。

　　我们正在讨论的就是我们身边的人，我们的邻居、同事、家人。由于"精神分裂"的人很多，所以我们在圈子里、家庭里、朋友里、同事里认识很多这样的人。这些人早期经历的情感创伤导致了一种在遇到困难时候的"分离""不在场"，类似于旁观者的状态。心理学家亚瑟·S.雷伯（Arthur S. Reber）对精神分裂人格的临床定义是："对于社交关系缺乏兴趣，倾向于孤独的生活方式，隐藏以及情感冷漠。"而事实并非如此，普通的精神分裂症患者似乎没有任何这方面的倾向。

　　正相反，这些人经常在朋友圈里表现出他们最开心的样子，显示他们的自信，渴望融入。然而在这背后却可以察觉到另一个隐藏的自我层面——时刻准备逃避和剥离联系。伴侣无法忍受他们的这种分裂，特别是当伴侣的情绪激昂，急切地试图去解决一场争论的时候。精神分裂症患者如此擅长于分离以至于他们对此几乎毫无知觉——不过在那些时刻，事实上他们也的确什么都没有意识到。

早期生活的创伤，通常与恶劣的抚养质量有关，教会了在其他方面没有力量的孩子通过转移自己的注意力来避免进一步的压力。进入成人时代后，不论伴侣如何请求与他们沟通、对提出的问题有所反应、再次"回来"，他们总无法如伴侣所愿。听起来是不是很熟悉？让我们看看在遇到攻击或其他情感威胁（不管是真实的还是臆想的）时这些精神分裂者的面部表情变化吧。他们的眼睛看着其他地方、没有神采，他们的目光直接越过了你。整个能量系统都消失不见了。南森·菲尔德用简洁的方式（用一种比埃里克森更加共情的方式）解释这个问题：

> 我们每个人在婴儿期采取防御机制来缓和不可避免的紧张痛苦。根据费尔贝恩（Fairbairn）的理论，我们所有人都处在最深层次的精神分裂中。更激烈的说法是，我们都不正常……不管父母在养育过程中投入多少情感，但总归不可能完美，所以没有人能逃脱成为精神分裂的命运，那是因为，我们防御地把我们人格中的一部分分裂进无意识中，失去了我们最初的完整。

当然，我们可以在这里和真正的精神分裂症做一下对比，这种深刻的分离建立了一系列乍看起来相似的表现症状。但是当我们在这里考虑特定的特质类型的时候，事实就不是这样了。根据沃克对多重人格障碍的观察，我们了解到创伤的程度是相对的。沃克解释说，这种情况以"对于极端多重伤害的同样极端的回应"而出现。

从大范围内讲，在精神分裂的类型中我们很少听说极端的伤害，往往只是一个敏感的小孩不能应付迷茫的、无法依赖的环境。

婴儿期的创伤，也许起源于孤独、无法获得爱或无条件的爱、在家庭中最不被喜爱、无力应对校园暴力（在那个年龄之前这种分裂的模式已经建立了，校园暴力只是又往上添加了一层），甚至天赋异禀或者有阅读障碍和运动困难等问题，也会带来影响。精神分裂的小孩无法忍受生活中的困难，他们在婴儿期就学会"关闭"、假装他们不在场，随后便陷入这种习惯了。在治疗中，只要他们的情感幸福稍稍面临威胁，他们就可能选择"静坐墙头俯瞰生活""隐遁到山里""在头脑里唱歌（而无视外界）"。

成年精神分裂的人，无论男女，对于外在世界来说，能够非常有效地应对各种成年人的选择决定。当他们的个人关系（通常是和他们的伴侣，在无意识中代表着他们幼年的照看者）遇到麻烦的时候，问题就出现了，正如我们从埃里克森身上看到的，他们会无视眼前的东西，身子还在，但思想已经抽离。费尔贝恩如此描述："个体开始告诉我们，他感觉仿佛一切都虚无了，或仿佛失去了自我认同，或仿佛自己已经死了，或仿佛自己已经不存在了。"

互补的对立面

现在让我们看看另一种表现出不同伪装的小孩，他们遇到痛苦不会逃走而会坚持下来。可能不是缺乏敏感性，而是遗传基因决定他们遇到痛苦不会逃走而是面对。这种小孩今后可能进入焦虑状态，而不是回避或抑郁。成年后，他们并不完美的婴儿期的后续影响会让他们表现出焦虑、歇斯底里，有时候出现无法控制的情绪爆发。表演型的人表现得比骑墙观望者有更稳定的心理状态，同时对正在发生的事情有高度的意识，这恰好是精神分裂结构的互补的对立面。当他们的关系顺利时，将会是有创造力的且相互治愈的伙伴关系。当他们的关系出问题时，则会带来巨大痛苦。

表演型人格曾经被弗洛伊德看成阴茎嫉妒、性功能障碍的女人。这种过时的观点在 20 世纪 40 年代被威廉·赖希（Wilhelm Reich）加以改编和发展，随后心理分析家亚力山大·罗温进行了更明确的解释。在他的《身体的语言》（*The Language of the Body*）一书中，罗温说：

> 歇斯底里的攻击其实和试图抑制强烈的焦虑状态很相似。当弗洛伊德说，"一些显露出来的方面显示，焦虑神经症实际是歇斯底里在生理上的反应"时，他发现了上面这个提议的推论。歇斯底里的攻击是一种爆发性的现象。过剩能量的急剧增加会在所谓的歇斯底里爆发中将自我淹没，或经过筛选进入身体某部分并被孤立，它们产生了一种歇斯底里的征候学。

因此当发生歇斯底里导致的麻痹时，来访者在经历情绪冲击后可能会突然手脚失去知觉。但是精神分析把这样的来访者描述为表演型的（属于病理学的层面），有过于表演和需求认可的特性。

希腊词语"子宫"（hystera）和弗洛伊德的歇斯底里的定义有深刻联系。在 20 世纪，我们认为拉丁词汇"丑鸭"（histrionicus）（出现于"hystera"之后）是歇斯底里的词根：像演员一样表演。在下面的讨论里我更倾向于选择那个希腊词汇作为词根。在"正常的神经症"的群体里，这样的来访者更加符合罗温的描述，正如之后的案例（Anthony 和 Clare）所说明的。

精神分裂的伴侣会继续感觉不到什么，就像关系结束了一样（他们继续被困在分离的心理避难所中），在这种情况下，对于情感过度表演或是歇斯底里的伙伴的伤害会很大。这是他们的悲剧：若一个人不能和其他人建立联系，那么对改变他们的状态几乎无计可施。然而在这里，我们可以尝试阐明，当僵局出现的时候，如何可以使所有的需要不至于丢失。

危机中的伴侣

Anthony 和 Clare 在治疗中是一对处在危机中的伴侣。经济恶化、损失惨重的生意交易像乌云一样笼罩着他们未来的生活。这个现状激发了他们性格中最坏的一面，Clare 越是因为他们的挫折和愤怒流眼泪，Anthony 就越不表达他的情感。他的眼睛给人的印象就像是从一千公里以外在看；他的身体不动，手抱在胸前，他好像把自己放在一个塑胶的箱子里，并不注意伴侣的眼泪。Clare 哭喊着："你看到了吗？这就是我在家里得到的全部——他一直拒绝关注我。

但是，如果我们想走出财务困境，我正在告诉他真正重要的事情和他需要去听的事实。我感到非常孤单，不被倾听。"

当问到 Anthony 有什么意见时，他回答说："她仅仅是歇斯底里地吵。真的不必对我们的财务困境感到不安，它们是一些注定出现的事情。Clare 真的是对这个问题关心到了极点：她不信任我，她不断地唠叨、唠叨、唠叨，而且挑剔。我不想去管她了。"这是一个主要的障碍。她的内心状态是感到孤独，并且不被倾听，这一点从来没有被这个男人理解到；这个男人生存的信念建立在尽可能地关心自己之上。

信任当然是 Anthony 存在的一个大问题。在治疗的早期，他经常说他不可能相信 Clare。他提到，在一个冬天他们遭遇了婚姻困境高峰，她要求他离开房间，那个时候他没有地方可去，除了躲在一辆油都快用完的小车里。背叛对于 Clare 来说是同样重要的问题。Clare 期望 Anthony 照顾她，用父亲在她十几岁的时候照顾她那样的方式（把他的女儿当作一个小公主），把她从他们的危机中拯救出来。而 Anthony 把她称作一个令人惊愕的女鬼，Clare 把他看作一个感觉迟钝的魔鬼。在一个关键的治疗环节，我指出：

在我看来，我们既同意 Anthony 是一个魔鬼，也同意 Clare 是一个女鬼。或者我们考虑这样一个事实，如果这些事实的确是真的，他们两个不可能在一起这么长时间。我认为我们正在听到的这些残酷的话，的确是他们原始的恐惧和愤怒——

对他们双方都是这样。Clare 对她自己的情况是压抑、强迫的，Anthony 从来感受不到这些，他从来不能够真正感受她的伤痛。Clare 发狂的时候把 Anthony 逼到一个角落，她越是因为他没有传达对她的理解而感到愤怒，Anthony 就越是想撤退。不是出于胆怯，而真的是一种重要的感觉：典型的早期关系的缺陷。指责对或错的事情对他们的关系是无济于事的，我们需要看一看僵局关系的背后真正是什么。他们看起来像是两个无助的受伤的孩子，也许这是第一次完全地表达伤害，这些伤害是作为一个小孩子的时候不能够表达出来的。Clare 的愤怒属于十几年前，但是目前的事件再次刺激而使愤怒再现。

至关重要的是，当我们去看他们各自早年的生活时，我们了解到，Anthony 是如此敏感，以至于他不能忍受成长过程中情感的不可预测。因此，他对任何未来相知相依的人都是极端不敏感的。他第一次的婚姻中的第一次意外几乎是不可避免的，Clare 也是如此。在她的案例中我们看到一个独生子和一个靠她父亲的抚恤金生存的酗酒的妈妈。父亲死后，Clare 不断地找人代替他，但在她的第一次婚姻里，除了失望没有别的，作为一个离婚女人，40 岁的她遇到了 Anthony，从他身上她看到了和父亲一样的迷人、能力和智慧。因此，我们可以说，他们无意识的共谋吸引了彼此——一切都是有准备地进行的。

尽管有相似的创伤，为什么 Anthony 通过分裂而度过他的童年期，而 Clare 依旧脚踏实地且情感上可接近呢？这并没有一个简单的答案。因为我们知道，人类的灵魂是受多因素影响的，如基因、倾向，以及兄弟姐妹（或者是缺少兄弟姐妹），除了物质、疾病以外的支持系统，所有的这些都应该考虑在内。也许在早期情感纽带的关键阶段，Clare 获得的照料是足够好的，只是后来她的照顾者变得不可靠而导致情况恶化。然而，她有一个一直爱她的父亲，提供了足够的安全感，伴随她走入了成年独立期。但是，早期的恐惧感仍旧需要治愈。

虽然 Anthony 也获得了成人的独立，但他的成长史对他的影响有所不同。从某种角度讲，也许他作为一个婴儿来到这个世界是被迫的，他的爸爸无论是身体上还是精神上都是缺席的，在他妈妈去世后的几年里，Anthony 不得不从不断变换的保姆那里寻找情感。上学后，他投入了与男孩运动的友情之中。然而，当他遇见 Clare 时深深地爱上了她。他们在一起生活了很多年，他们非常享受彼此的陪伴，创造性地经营他们的生活，他们开了一系列的连锁店，在工作中他们是互补的。然而，在这个治疗室，他们长期建立起来的关系几乎要破裂了，现在，严重的商业危机也隐约出现了。

很明显，他们使用各自主要的生存模式来处理他们目前的压力：Anthony 用精神分裂的方式，Clare 用歇斯底里的方式，在他们的关系冲突背后，隐藏着深深的伤害，他们却都没有意识到。他依靠分裂的方式来应对痛苦的时刻，她的方式是表现得非常生气，想用激烈的带着火药味的语言去接近他。她越生气，他就越远离。

在一次治疗中，我邀请 Clare 谈她孤独的童年，她描述了几乎没有时间陪她的酗酒的妈妈。每天早上早餐之前，Clare 都会很担心她不得不应对的情绪——被大声地吼叫或被忽视。很自然地，这建立起来一种对被照顾的饥饿感。她渴望一个照顾者能够每天关注她的世界，给她鼓励和支持。她建立起自己的世界，玩开商店的游戏，为她的爸爸做一些漂亮的东西，这样爸爸下班回到家后就可以欣赏这些东西了。Clare 期望从 Anthony 那里获得类似的关注，当她不高兴的时候，他能听到她的痛苦和孤独；令她惊讶的是，她日益发疯似的需求遇到的却是石头般无情的聋子。

（我治疗的另外一个精神分裂的来访者，叫 Robert，他把自己在假想的"攻击"压力下表现出的退缩的情感比喻成乌龟，在大脑能够想清楚事情的原因之前，即刻的条件反射就会发生。他解释道："这是和安全有关的，乌龟把自己的头和脖子缩起来藏在乌龟壳里，就能够免受伤害。一样的道理，当我们开车的时候，一块石头或飞过来的卡片砸在我们车窗上，我们会本能地条件反射地闭上眼睛，无关我们如何清楚地知道它们根本打不到我们的脸上，我们都会畏惧、退缩。"）

在几年后的治疗反馈中，Clare 说："当 Anthony 不能理解我的时候，我感到如此的歇斯底里，我不能使用我的理智。由于恐惧而无法明白正在发生的事情到底是什么。因为我的妈妈沉浸在她自己的世界里（self-absorbed），无论什么时候，当 Anthony 对我冷淡时，我都会感到十分可怕——就跟我妈妈在一起的体验一样。"她又说：

治疗师告诉我应该退一步，从外部来看我们的情况，这样可以减少我歇斯底里的反应。我逐渐用柔软的一面对待他，也开始发现他是一个非常和善的男人，并不是一个让人恐惧的人。我也意识到我是可以说"不"的，并且不必做一个逗人开心的人，所有这些让我觉得我不是一个那么坏的人，如同在我童年所有的记忆中那样。当我开始信任 Anthony 的时候，这些自尊的问题就消失了：我总是渴望给我一个"一起摇滚"的伙伴（want a "rock" for a partner），现在我们的财务危机大部分也都已经过去，我们能够看到，我们是作为伙伴在一起的，甚至像一个工作的团队。我们有能力一起面对和度过生活所赋予我们的任何让人恐怖的问题，如同任何其他的伴侣一样。我们现在较之以前更加平衡而和谐。我在工作中能够更好地使用创造力，他也能够在谈论财务这种敏感问题时感到更加安全，这就像一个人把一件东西扔到一杯水里，水的颜色突然变化了——这就是我如何看待我和 Anthony 之间的情感生活，感到特别好！

Anthony 说：

我们在治疗师面前交谈，彼此之间的对话没有丝毫打断，就像我们之前承诺的一样，这里不可以有争吵。我能够更好地理解在痛苦和不满委屈之下隐藏的是什么。实际上，我们两个在家庭生活中都是笨拙的，因为我们有问题的妈妈让我们和其他的小孩疏离。这里有一个逻辑，为什么一个人会用某种特定的方式应对刺激，因此，对我们的背景和历史的解释，对我们意识到我们如何处理问题就有着巨大的影响。现今，处理争论领域的问题已变得非常柔和了，并且我们也更加适应了这种处理冲突的方式：更多地采用了通过理解冲突背后的原因来适应的方式去简单避免正面冲突。现在，（对我而言）我们的生活变得有一些不同了，但是并没有真正改变什么。而生活本身并没有真正改变——现实生活、财务的考虑、我们各自之前婚姻中的孩子以及他们不同的需要，都没有变化，而事实上是 Clare 也会继续变得过于情绪化。我仍然会缄口不言，因为如果在这个时候其他的解决方法不起作用的话，不对结果采取别的尝试，我相信她的"令人惊愕的尖叫"不能获得任何结果。是的，我对这些差异已经认命了，但是正如 Clare 自己所说，我们已经发现一个关系的胶水，把我们俩紧紧地黏在一起，这是之前从来没有过的。

他们联合观点的这种成熟性，给出了一个非常有用的描述，支持了荣格心理分析家詹姆斯·霍尔（James Hall）在《荣格的经验》（*The Jungian Experience*）一书中提出的观点：

在传统的婚姻或伴侣治疗中，人们通常过多地关注他们是在一起还是要分开的决定上，然而，真正的处理过程会涉及伴侣一方或双方的成熟问题。既然他们的关系从来都不是一个真正平衡的状况（准确地说，双方都没有达到同样的成熟点），这需要非常细心地理解双方的成长过程，以对每个人底层的潜能有一个公正的判断。荣格在一篇重要的散文《心理关系的婚姻》（*Marriage as a Psychological Relationship*）中讨论了关系的问题。在伴侣的一方或双方中，无意识的成分越大，婚姻在有意识层面自由选择的问题就越少。首先，如果一个人对困扰自己的真实冲突毫无意识，则"原因"通常会被投射到伴侣的身上。

这说明了一切。我们将再次看到，投射十分频繁地在个人的关系中创造出很多痛苦，也就是说，对治疗师和咨询师而言，领会并使用投射理论来工作十分重要。我们的童年把我们推向成年的伴侣；同时，童年也能毁了他们，除非已经做了必要的探索和挖掘的工作。无意识的恐惧、伤害、希望和渴望，总是不可避免地躲在我们选择伴侣以及随后遇到的冲突与失望的背后。有关婚姻破裂的统计表明这是个事实。但是 Clare 和 Anthony 的故事给了我们这样一个信念：对话治疗能逆转这个趋势。

微妙的蓄意破坏

到目前为止，我们在关于和正常的神经症的夫妻一起工作的讨论中，已经谈到了精神分裂和歇斯底里的类型。当然，有很多其他的个性结构也会进入这一领域（口欲期的、受虐狂的、自恋的），但是我选择介绍最常见的伴侣，他们中一方或者另一方有着威胁关系质量的障碍，也就是说，这个障碍将使投射的问题恶化。有这样一个社会群体，在他们身上很难精确地识别出是哪种"常见的神经症"障碍，使得他们身陷其中或身受其害（或者更精确地说，"其"指他们的伴侣），这个通常会在被动攻击的类型中发现。

被动攻击的人，基本上是不敢面质的（胆怯的小孩从来没有发出生气的声音），他们在生活中往往是间接的。他们会说："我不介意我们做什么／我们去哪里／无论什么时间，只要合适你就行。"然而，当某个人错误地做出了某个决定，他们就仿佛听不到这个让人生闷气的意见一样，他们会说，"如果我们这样这样做，我们到很晚都回不了家"或者"当然，他不是我最喜欢的演员，但是如果你想去看，我们就去看电影吧"等。

当我们面对一个家庭成员的时候，如果总是如此精准地像一个治疗师或咨询师一样分析，结果往往是令人挫败的。间接行为会阻碍敏感的解决方案，有关于此的每一个建议都倾向于引起天真无邪的甚至愤怒的反应。一个被动攻击的男人或女人，在无意识中企图得到他们想要的，而在意识层面并没有明确表达（without sticking their neck above the psychological parapet）。他们首要的需求是避免面质，希望被看作是不被指责的、和平的、包容的人。几乎非常肯定，他们的童年是没有机会表达愤怒的（通常被控制型的父母或恐吓型的兄弟姐妹压制住了），这个通常会导致他们修改他们提出观点的方式或者在背后攻击。这个习惯让他们顺利地进入了成年。同时，他们会无意识地选择强势的伙伴，重复着熟悉的互动。这些在一开始看起来，丈夫是很高兴的，觉得妻子是善解人意的，为自己容易相处的妻子感到骄傲。然而这些迟早会发生微妙的改变。

"Rebecca 快令我挫败得发疯了！"Luke 在早期的治疗环节中，突然大声地表达他的愤怒，"如果她并不是真心想出去的话，她从来不会准时。当她准备好了以后，这个晚会或者其他的活动都快结束了，因此，她真正地控制了这个晚上，并且令主人感到难过。她会全然否认这一切，遗憾地说，她不得不接了个紧急电话，然后对我试图就她迟到的事件进行讨论的愿望表现出伤心，说她正在尽她最大的努力去处理其他问题，然后结束了通话。她厌恶做决策，或者做肯定的承诺，而她十分喜欢抱怨别人，当别人不能做决定或者做承诺而影响到她的计划时，她会抱怨别人无能。"

我请 Rebecca 谈谈 Luke 发火后她的反应，Rebecca 坚定地说："我不相信生气时的争论，毫无道德约束。我不是故意被电话所拖延，但它们确实很重要。Luke 却毫无理由地认为我故意拖延，不做好准备。我努力适应每个人，但不能忍受他这些火气。这太不公平了，我那么努力地对每个人都好。"

这种粉饰过的温和态度听起来并不真实，不过我此时不想刺激她——Rebecca，饱受折磨的人，会站在无懈可击的正当立场上，首先找个貌似合理的借口取消下一次治疗。她会通过被动攻击对付治疗师（离我而去），比如提醒她在家的丈夫疗程花费很昂贵，他们保证没有这些开销也可以自己解决问题。

　　我无话可说。这对夫妇持续来了几周。但只要 Rebecca（她假设已经说服了治疗师认同其观点）一听到面质/对抗（confrontation）的苗头，就应验了我的猜想：说服丈夫这个治疗对他们没有作用。可怜的 Luke。

　　假如治疗起作用会怎样呢？需要 Rebecca 对她的行为认同并负责，这是按照她的方式避免不愉快的策略，需要认可童年的行为，即因为害怕报复而不敢直接表达感受，所以采取间接的方式。这意味着 Luke 要学会立刻挑战妻子，怀疑她用被动的方式克制自己；鼓励她更充分地交流，如果有必要，两人可以就看到的事实争辩，而不是无奈地忍受妻子似乎合理的借口，或是无论何时为了维护自己而愤怒。

　　面质/对抗是个冒险的方法，要某人改变某种一辈子的行为习惯是个令人发愁的任务。回想他们的童年，当他们天真地面质父母或兄弟姐妹时，可能受到了伤害；这些回忆会促使他们不惜一切代价避免遭受更多创伤。不过在配偶的同情和鼓励下，他们可以冒从未试过的风险，从而得到收获。

远 离 焦 虑

　　迷信、仪式，甚至是宗教，被全世界看作抚慰心灵和回避存在焦虑（死亡、排斥、惩罚、失败、无能为力，以及你认为的其他焦虑）的合情合理的方式。不过有的事情却没有套路化的方法避开午夜（或白昼）恐惧。潜意识里，他们决定必须为自己想些办法。拥有强迫性神经症（obsessive compulsive）的症状，或成为被迫完成荒诞的仪式以躲避他们自认为受到威胁的人。他们知道自己的行为没有逻辑。他们害怕从门把手上传染疾病，所以频繁洗手，但却无视人身安全，开心地面对跳伞运动或滑水运动。

完美强迫症会导致怎样的影响？可能是拼命工作、恼怒和大发雷霆，正如来访者 Cheryl 解释的。她的丈夫 Clive 一天洗手数次，当他外出时会更加频繁，他想象自己在公共场合开关门时，沾染了危险的疾病并带回了家。晚上他彻查房间，检查煤气是否关上，窗户和门是否锁好——不止检查一两次，而是半夜至少会检查六次。

> 他没有从任何一件事情中得到满足——就是说，他多次检查门锁是缺乏安全感的。他就寝时依然担心，也让我明显感到了焦虑。即使我非常爱他，但与他生活没有一点儿轻松闲适的感觉。我发现他经常需要安慰，我总是看到他进行安全检查；他十分像小孩，紧紧抓着我以确保安全。
>
> 有次我从死于癌症的好朋友那里继承了许多漂亮的名牌服装。尽管所有的医疗证据都证明癌症不会传染，但 Clive 看到这些衣服就像是看到潜在传染源，坚持要我把它们拿到义卖商店去。对此我感到非常沮丧，因为这件事，我们大吵了很多次。最终，我向现实妥协，与强迫症患者一起生活，要么接纳他毫无理性可言的恐惧，要么离开他。因为他的这些行为在我看来太可爱了。

一家中有四代女性（至少）经历了强迫症，这在 50 年前曾经被认为是有价值的而不是悲惨的。Sally 的外祖母和外祖父经营了一个果菜园，她有一间洁净的屋子，但从来不踏出一步，毫无疑问她被邻居看作尽忠职守的妻子和母亲。她的女儿（Sally 的母亲）恰逢新婚时去看望 Sally，却无法爬上公交车，她需要与强迫恐惧斗争，借助心理治疗的帮助。如今她的女儿也被诊断出这种情况。

这是遗传基因的个案，还是每个女性通过观察并无意识地学会了母亲的强迫恐惧行为，还是在遗传基础上因养育而加重的例子？至今没有研究得出权威的答案。同时，Sally 和她丈夫过着压抑的生活，他们无法邀请朋友共享晚宴（Sally 害怕食物会变质），或者从更广的角度看，无法计划有冒险性质的家庭度假，而是局限于年年一样的可靠熟悉的地方。

Sally 为读小学的女儿寻求帮助，如果孩子无法摆脱病症，那问题仍在眼前。在家庭治疗中，Sally 得知自己掌握着战胜这个病症的答案。"唯一能帮你的人莫过于你自己。"一位认知行为治疗师告诉她，"给予你鼓励，从专业角度指导你前进。为了不让你经历事情时有恐惧的痛苦，我们可以在你使用回避措施的时候提醒你、指责你。但是你和女儿需要对自己负责，不要让病症控制你们。"

心理治疗师詹姆斯·希尔曼认为"强迫是给定的谦恭有礼"（obsessions be given courtesy）。在《灵魂密码》中他认为，孩子们在玩耍的时候需要被尊重，当他们在一片混乱中，或在灌木丛中的泥地中跑来跑去：孩子们演出（他们命运的）原始密码，然后将之推进到这些强迫性活动中。这样的压抑，父母要求孩子符合他们想象中应该表现的样子，可能"给他灌输所有的方面（他的语言，他的习惯），最终不是家长控制或家长混乱导致孩子离家出走；他们逃跑是由于家庭生活的空虚，没有任何有趣的事情。"

我们或许接受这个独特的观点，作为理解强迫症来访者产生原因的一个有价值的见解，即一些扭曲或抑制（强加于正常行为之上）造成了孩子的深度焦虑，在之后的生活中，它会在无关的重复机制中显现，无意识中确保只有好的结果发生。他们童年的行为（增强玩耍能力、无时无刻不停地幻想，尽管他们的早期照顾者对此并不理解或不欣赏）本可能已经产生了世界上无数高成就的人士，在体坛、艺术、科学和政治方面，他们的成就被这些早期模式所增强。

恐惧无处不在

事实上，在人类环境中，恐惧（带着它所有的伪装）能够并且确实决定了我们的生活质量。正如我们所见，它驱动着分裂性的、表演性的、被动攻击的以及强迫症的患者，使他们人格水平上的功能适应他们的世界以及其中的冲突。迄今为止，我们已经看到了关系中遇到的一些问题，无意识中采用了一些功能失调的行为形式来保护行为者远离更多的痛苦。但最后还有一个的类型，这个类型里，恐惧是不能轻易利用的，因为恐惧本身是表现出来的问题。与在恐惧中挣扎的患者共同生活是沉重的负担，关系上经受着巨大的考验。

　　患有偏执狂（paranoia）、恐慌症（phobias）和惊恐发作（panic attacks）的人过着艰难的生活，他们令人恐惧的想象造成了数不清的梦魇情景。虽然恐惧存在于每个现象背后，非理性以及多疑或许最能形容偏执狂这一类障碍的"正常的神经症"水平。患者认为人身攻击无处不在，明面或暗地里，而且伴有迫害妄想，这种结果在某种意义上会使患者情况更加糟糕。

　　非理性的嫉妒就是一个例子。一位偏执狂的丈夫猜忌一位年轻快乐的已婚男士和年长的相貌平平的妻子进行性行为的前戏——这是在任何时候都不可能发生的事件。但这位偏执狂的丈夫坚信会被妻子抛弃（复制母亲在他六岁时离家的情景），将四个成年人的友好会面看成灾难的开始。

　　在该个案中，年长的妻子可能把之后嫉妒的争吵当作自我虚荣心的满足：他一定是非常爱我才害怕失去我。并且，她将在脸颊上的匆匆一吻、表达欢迎的拥抱都看成是年轻男人对她的中意。这还是一个共谋妄想症（folie a deux）的例子，矛盾的是，偏执狂可能在关系中不会被看成是真正的问题——除非病情增强，与其他非理性焦虑并发，然后，她可能会说服烦恼的丈夫前往治疗。

　　修复工作很难进行。似乎没有很多关于障碍产生原因（如童年期被抛弃）的认知觉察来改变表现出的僵化的习惯。治疗师多次听到伴侣凶巴巴地说着如此如此（such-and-such）真的发生了，然后，那么那么（so-and-so）真的出来要得到他们，等等。对配偶僵化信念的耐心和敏感的理解常常是对偏执狂患者的治疗中唯一有效的办法。甚至当治疗师直奔导致病情的核心原始创伤时，由于非理性恐惧已经深深渗透到心灵，治疗师也基本无计可施。正如我们所知，无意识世界是关键，但有效地转向无意识有的时候是不可能的。

　　恐慌症患者有非常多的场所可以发泄他们的焦虑，对他们的伴侣来说可能更难应对。恐慌症患者会被许多无意识记忆触发，对观察者毫无意义却对患者意味深长。羽毛、蔬菜、生物、疾病、血液、影子、黑暗、拥挤的公共场所、小船、呕吐物、超市、升降梯、手扶梯、染发剂——这个列表可以永无止境。临床心理学家罗杰·贝克（Roger Baker）在《理解惊恐发作以及克服恐惧》（*Understanding Panic Attacks and Overcoming Fear*）书中说道："在所有的情感困境中，众所周知的'没文化真可怕'在惊恐发作中的应用是最广的。"他这样总结自己的著作：

　　　　惊恐发作涉及很多痛苦；惊恐发作的患者的生活充满了惊恐和恐惧。克服这个病是可能的，能够从可怕的恐惧回归正常轨道，关注日常生活。当有所恢复时，患者会做许多补救工作。多年来关注在惊恐上，患者错过了生活中很多寻常之事。所幸，他们的问题不会对大脑功能造成永久伤害，即便是最坏的惊恐发作体验，大脑的功能也未受累及。注意力、记忆力、知觉都很好——无一丧失，只是短暂地被恐惧抑制，所有都会恢复。

　　惊恐发作可以在一天的任何时间袭击患者。它们表现出许多症状，心率加速、恶心、非个人化（虚幻）、眩晕、胸痛、口干燥、急需排泄、出汗、发抖以及惧怕某事出现问题，比如心脏病发作或中风。

我治疗的一位女性来访者告诉我，她总是听到脑子里的声音说"我要死了，我要死了！"有趣的是在治疗期间，她有次说到父亲50年前（刚从战时服役回来，胸部受伤）在呼吸困难的时候也说过这样的话，不过她之前从未意识到童年记忆的意义以及留给她的遗产。

这位来访者同样有吞咽困难。医疗诊断是食管癔症（globus hystericus），病因是高度焦虑导致的咽喉肌肉过紧。她无法在饭店用餐；只能偶尔享受家庭聚餐，一般把土豆和蛋白质用酱汁或肉汁混合，然后把满盆的食物拿到另一个房间。她失去了一起分享成年礼、周年纪念以及节假日等很多的机会。不过伴随强烈的治疗意愿，她越发理解惊恐发作和吞咽困难的原因，能够逐渐享受特殊的庆祝活动以及正常地与丈夫一道品尝食物。

我曾为一个孕妇进行心理治疗，在她知道将抚养孩子以及胎儿需要适合的食物的那一瞬间，我发现她可以正常地饮食而没有任何吞咽困难。八个月后，在她生出一个健康男婴后的几天，她无意识地进入了焦虑状态，无法吞咽任何食物除了土豆泥和（压制）烘豆。当询问她的想法时，她说："我并不重要，但在怀孕期间我很重要，因为肚子里有孩子。"这位年轻母亲在小时候觉得自己很没用，因为拥有经常吵架的父母和更受偏爱的姐姐。可想而知，她的低自尊感如何无意识地引发了咽喉肌肉紧张，拒绝独自食用营养食物。到那个时候，她的母亲因为得到这个外孙而兴奋并关心爱护着女儿，但童年时的记忆无法磨灭，她依然认为自己是没用的。

遗憾的是，在上面的个案中，心理治疗无能为力。两位女性来访者都知道她们的饮食习惯不合理。但是因为在家中准备食物，为家人做饭，她们都认为独自在厨房品尝应该被尊重，没有意识到这种做法孤立了丈夫和孩子。年长一些的女士，当她认同这种做法会产生分裂时，她的问题得到了明显改善。渐渐地，她学会与家人一同进餐。首先进行了许多小的改变；之后当焦虑缓解后，她很激动（想起了小时候的恐惧来自于在餐馆发生的事情），她很放松并能够融入家庭了。

牙齿的故事

在我们结束令人烦恼的无意识对我们的意识产生影响这个话题之前，我想先讲讲一位因牙齿而烦恼的男士。牙齿可以用来咀嚼草莓、果仁或其他，它们产生的声音显而易见。我的来访者和他的妻子一起生活近 20 年，彼此相伴很愉快。但是，生活中的一次个人危机（意料之外的退休）不知怎的使他涌出了心灵深处的东西，激起了已忘却的童年经历，或者说已经遗忘的微不足道的事情。现在，妻子注意到的唯一的细节就是他多年前就和牙齿过不去，他要求她别用铅笔或指甲磕碰牙齿，或以任何其他的方式引得他关注到牙齿。

一天下午，她说打算做番茄三明治当茶点吃，也给他做一份。他拒绝了，并出去了很长时间，然后才回来准备和妻子一起喝茶，不料回来却发现她仍然在津津有味地嚼着。他找了个借口出去了。第二次还是这样。妻子很困惑地问他为何要这样做，很明显是因为她吃东西的声音让丈夫突然无法接纳。在治疗中，他告诉我：

"我不知道为什么在她吃三明治时我想离开。我只知道我无法忍受这些。未来几年可能会分开用餐，这令我感到绝望。显然发生这些也不是她的错。我必须弄清楚这是为什么，这似乎很荒唐，20 年一起用餐都很愉快。我现在到底怎么了？"

在之后的几周里，我们对他的童年进行了深入了解。来访者回忆了他凄凉的童年，父亲只关注自己的生意，严重缺失家庭责任感，母亲很冷淡，喜欢他的双胞胎弟弟们，因为街坊们也很关注他们，夸奖他们一头漂亮的金色卷发。那么牙齿是怎么回事？我们对他很少露出笑容感到好奇，可能他的妻子曾在生气咆哮时露出了尖尖的牙齿（像一个小男孩，他或许认为她的脾气像一只突然发作的猛兽，想要摧毁他）。不过我们不得不等待真正的答案。后来他突然回忆说：

母亲去找牙医，把所有的牙都拔了。那会儿很流行安装假牙。不过她告诉我，作为战争年代出生的大胖婴儿，我吸收了她所有的钙质，所以她的牙齿变差了。失去牙齿是我造成的，这很不公平。我并非有意要吸收她的营养——我那时只是个婴儿。这多么不公平！哪里考虑了我的感受？她的理解和感性在哪里？难怪我一生都感到不公平，但到现在我还没有意识到为何这样。

如果考虑母亲对年幼儿子的欠缺考虑（可能是惩罚性的）评价所造成的影响，可以发现她的嘲弄违背了一个母亲应做的事情：尽可能多地给予自己孩子最好的开始，最好的营养。我们稍后发现，她怨恨第一个生出的孩子拿走的多于他应享有的权利，好像因为这个孩子的贪婪与不关心他人而伤害了她。这似乎也反映了她自己的一些病理，我们可以猜测她自己是小孩子的时候也是被轻率地对待，对于她自己被强制夺走的东西她不知道如何给出。不论原因为何，她伤害性的评价深深地埋进了男孩的无意识里，这个创伤初次发生是数十年后他开始奇怪地讨厌磕碰牙齿；之后创伤全面爆发，包括对咀嚼的厌恶。

真正的问题（尽管嘈杂的咀嚼声是个导火索）实质上与食物有关。其他人在食用正常的食物遇到番茄三明治时，会不受任何限制地继续享受食物。难道他没有想起小时候母亲不平等的给予吗？在之后的治疗中，我们对他现阶段挣扎的状态进行了工作，突如其来的退休无法再继续从感情上给予他营养，这似乎很不公平，因为工作原本是能满足他的自尊感的。他的故事中所有的这些成分使他的情况易于理解了。所以现在他也（像她母亲之前对待他的）惩罚他无辜的妻子,妻子只不过是像从前他们一起吃三明治时的方式来享受茶点罢了。这里,我们再次呈现了一个例子,人们当下痛苦的本质与遥远的过去直接相连;对此,需要进行心理的挖掘及移除。

来访者仅用了几周时间就将新的觉察整合到他的意识中——不管他的妻子在何时嘎吱嘎吱地嚼坚果或葡萄——他都会觉察活跃的内在反应并提醒自己背后的原因。渐渐地,问题随之而去。不过正如他说的:"这些是反射动作,需要多一点时间融入我成年的思想状态中。"

他找到了一份工作,很受同事的重视,也开始有意识地寻找新的兴趣爱好。他不再生气,也不再将消极的母亲形象投射到妻子身上,他开始理解到过去的事情不再伤害到他,他自己负有责任照料自己"内心的婴儿",同时能在自己(与妻子、与孩子、与朋友和孙儿们)的关系中吸取营养,并且在寻找能体现自己价值的工作过程中滋养自己的自尊。

疗愈之道 •

恐惧存在于大多数正常神经症状态下。存在恐惧、对羞辱的恐惧、失去所有伪装的恐惧、恐惧疾病、对抗/面质、昆虫、爬上公交车、改变、假日。困扰我们的不同的疾病似乎没有统一的模式,某个孩子能面对的问题另一个孩子却不能,甚至产生持续一生的情感创伤。

一旦每个人都明白了当下问题背后的缘由,我们必须从伴侣们关注的地方寻找匹配的可能性（如精神分裂 / 癔症的配对），这种配对是可以证明改变的治愈剂。在咨询或治疗中，治疗师需要了解对当下危机产生影响的童年困境。找到每个伴侣早期创伤的核心后，将会弄清楚影响现在情绪失衡的原因。

在早前的讨论中，我们明白了夫妻之间突然产生的厌恶或不和谐背后会藏着数十年的隔阂。任务是准确找到当下发生在他们生活中的导火索：发生了什么事情导致人们对以前的伤害产生了共鸣。与每位来访者一起在对任何特定问题或记忆最具"能量"（或责任）的地方进行探索非常重要。与在疗程中主要表现为恐惧、强迫、分裂、歇斯底里或是固执障碍的夫妇一同工作时，治疗师面临的主要困难之一是要找到一种方式，帮助他们理解行为背后的驱动力。治疗师必须做好耐心等待"瓜熟蒂落"的准备，并等待另一位伴侣能够发现同样的真相。

不是所有的夫妇都乐意和承诺改变：共谋的力量不可小觑。伴侣一方可能非常享受与另一方的特定问题共谋——与受强迫恐惧折磨的某个人一起生活可以获益。比如说被依赖、被需要，能够自由地期待因为他们持续的善解人意而得到奖赏。我知道丈夫"赚取"的奖品如新的摩托车、橄榄球铁杆旅行、昂贵的名牌服装——心怀感激的妻子心甘情愿给予这些，因为他们自己被拴在了家中。

　　如果这种共谋起作用，没有人会怀疑它。但治疗师应该重视这样的家庭协议：夫妇可能不知不觉地铺垫了之后愤怒和抛弃的事端。觉察到他们所同意的是什么这很关键。治疗师的工作是要确保理解完整的图片，一起完成他们的工作。

　　下一章节，我们将讨论另一种不同障碍的人在关系中遇到的问题或受到悲剧的难题干扰，这都会影响夫妻情感的幸福。

第 5 章

疾病的困扰

Relationship Therapy

自闭症的家人是上天赐予的特殊礼物，他们教会你超凡的耐心、理解、仁慈与爱。这样的艰难仿佛就为了证明古怪的行为是生命这块鲜艳的织布上光亮的线，即使它是伤人的，人们也宁可受伤，而非假装……

与亚斯伯格综合征（AS）患者一起生活可能会感到气愤或困惑，好像与自己一起生活的是来自其他星球的人，当然，这里指的是文化上的不同。亚斯伯格综合征患者和精神分裂症患者会有相似的症状，所以对于这两种病症，区分起来有一定的难度。两种病症的患者都在共情和解读情感方面有比较明显的缺陷。两者都会表现出分裂迹象，很难判断它是一种恐惧驱使（精神分裂症），还是大脑异常（亚斯伯格综合征）。

目前（此书撰写之际）还没有任何研究清楚地说明亚斯伯格综合征的产生原因。虽然托尼·阿特伍德在《亚斯伯格综合征：写给父母及专业人士的实用指南》一书中说道："越来越多的证据表明，（亚斯伯格综合征患者）大脑的额叶和颞叶是失常的。这种情况已有研究结果表明可以运用神经心理学测试和脑成像技术检测出来。"他说，产科异常发病率较高，无论是产前、产期临近还是产后的危机，这种脑损伤可能会导致或者至少影响这种遗传易感情况的表达程度。

与亚斯伯格综合征患者生活在一起

Chloe，三个孩子的母亲，原本过着与常人一样的生活。但是在女儿 Lucy 出生后，一切都变了。小学时，Lucy 被诊断出患有亚斯伯格综合征。虽然 Lucy 的父亲没有被诊断出此症，但 Chloe 坚持认为这种病症是遗传自丈夫。与这个不寻常的人生活了十年——"仁慈、懒散、诡异"——在她毫不知情的情况下选择了这样一个丈夫。

"我要他去商店买黄瓜和奶酪，但他不会这么做，他会什么都不买或者买袋饼干和一罐烘豆罐头。"他似乎没有记住我说的话。有一次，他带着蹒跚学步的女儿出去了一天，却没有给她穿鞋。还有一次，Lucy 把自己浑身涂满了奶油，脸上、裙子上、头发上和手上，但他完全没有觉得这有什么不妥。

有时我会因为一些事情哭泣或焦虑，有时会发出抽泣的声音，但他会径直走进房间，打开电视，对我说什么时候一起去喝茶。跟他生活在一起真的会心力交瘁，因为我不得不承担所有的责任和事情，以确保我们一家可以按部就班地生活。回忆过往，我对他的第一印象是总会说"是"的好男人，他很少与人发生冲突，也常会说"噢，抱歉亲爱的"。但当我感到沮丧的时候，他却没有办法理解并解决发生的事情。"

Chloe 发现自己怀了第三个孩子。在怀孕几个月后的一天，丈夫什么也没说就离家出走了。他接了 Chloe 的电话，说晚上一定会回来，"一切很好"。但他晚上没有回来。丈夫的失踪持续了几个月，直到不久前 Chloe 临近生产，才跟踪他到了新的工作地——他在做警察。

警察局局长不知道他已婚，有两个女儿以及一个尚未出生的孩子，于是让他回家。但他没有回家，于是局长负责地为他做了登记，归类为走失人群。

我躲在超市的围栏后一路跟踪他，最后找到了他，我告诉他必须面对他有家有孩子这一事实。我说我生孩子时，女儿需要他的照顾。他每天给我发上百条短信，我都存了下来。终于有一天他回来了，告诉女儿们他之前在接受做警察的训练。女儿们每天坐在窗边等他，吃饭时会留个位置给他。但他从不回来，我们的心伤透了。在儿子出生以后（那时我们有一个简短的会面），他依然保持着奇怪的行为，直到我告诉他打算跟他离婚了。

当聪明的 Lucy 在学校表现出了身体上的问题时，Chloe 开始寻求帮助，并确定女儿是遗传了某种基因。Lucy 也是没有觉察感，并且有眼睛却看不到，Lucy 喊她的母亲："我找不到鞋了，妈妈，它们在哪里？"然而，鞋就在脚上。在嘈杂拥挤的商店选择新杯子对妈妈和孩子来说都是一个噩梦。Lucy 在她喜欢的蓝色和绿色杯子中徘徊，当做出决定的一瞬间，她突然哭了起来，并请求换另外一个颜色。最后（在多次反复后），她带着一个新杯子回家了。但在接下来的三个小时里，她一直哭着说这不是喜欢的颜色，最终杯子被弄坏了。

患有亚斯伯格综合征的人通常被告知这种症状无法痊愈。但是有一些证据表明，善解人意的父母或伴侣可以缓解这种症状，因为患者在他们那里能够得到理解和帮助。就像 Chloe 一样，与她的丈夫和女儿一同与病症做斗争。他们支持家庭成员表现出好的社交涵养，以掩饰不同常人的举动。

　　一位患者他在出席类似派对的活动时请求妻子帮助，在与人握手之前首先介绍自己，同时寒暄几句以消除初次见面的尴尬。她会事先提示丈夫最可能谈到的主题，并不时地关注他。如果突然出现诸如宣布一个死讯这样令人情绪失控的场景时，她会带丈夫离开。因为一些患有亚斯伯格综合征的人面对这样的情况，可能不知道下一步要说什么。在他们的世界里，似乎无法感受丧亲和危险。恰是这些事情潜藏着他们无意识的或是不适宜的反馈。

事实的真相

　　社交技巧对亚斯伯格综合征患者来说是很难掌握的。Gisela Slater-Walker 与 Chris 结婚时不知道他有这样的症状（六年以后被诊断出来），在他们联合编写的书籍《与亚斯伯格综合征病人的婚姻》一书中写道："对于很多女人来说（亚斯伯格综合征男性发病率多于女性），诊断结果就像……在过去的几年中，丈夫的古怪举动使妻子感到很痛苦。在很多这样的情况下，婚姻走到了尽头。"她说：

　　我认为，对于诊断亚斯伯格综合征而言，最难的是一直容易被人误解是自闭行为，就像一个有能力的人被认为是故作清高或工于世故，但真相或许根本不是人们想的那样。我

能够理解……Chris 的听力很棒，他的耳朵为音乐而生……但
是他很痛苦地发现自己很难在嘈杂的环境下听懂他人在说什
么，他只好半捂着耳朵让自己集中于一个声音。他发现很难
同时做到跟多个人谈话，即使他的英语非常好，也无法纠正
他人的错误。

Gisela Slater-Walker 与 Chris 这样的关系意味着，亚斯伯格
综合征患者的伴侣需要擅长与其交流。Gisela Slater-Walker 发现
只要努力交流，就会较快地理解她。但是当需要解除误会或是表
达同情的时候，即交流内容变成本质而不是细节的时候，交流就
会受到影响。

他们发现给对方发邮件很有用。即便都在一个房子里，而不是
在各自的办公室的时候也会这样。邮件可以让 Chris 说出他的感受，
因为他有更多的时间整合自己的想法，并且可以毫无压力地表达出
来。在网上传邮件的方式对他们来说是一种意外收获：

这种方式对我们帮助很大，我与 Chris 有很多有趣的交流。
我很享受这些，即使 Chris 在 40 公里之外，但我觉得比跟他在
同一间屋子的时候更加接近他……我们之间实实在在的距离可
能就意味着他不得不以这种邮件的方式交流。这些完全不难，
因为没有非语言交流。非语言交流对他来说要难得多，比如生
气或无理……实际上，在没有任何压力的情况下，对 Chris 来
说，能有时间思考如何交流，这会对他很有帮助。这样的他似

乎也能更容易地表达自己的想法，而且因为他的语气和他的话并不一致，所以这种交流产生误解的可能性也会减少。

性和谐对 Gisela Slater-Walker 来说有着意想不到的收获。很多情况表明，如果双方中有一个是亚斯伯格综合征患者，两个人会面临很大问题，因为作为非常人的感觉统合和孤独感的伴侣可能会苦不堪言。临床心理学家托尼·阿特伍德回忆起一位患有亚斯伯格综合征的丈夫，他的妻子抱怨他"太冷淡和疏远了，当他表现出恩爱时就好像抱着一堆木头一样。"阿特伍德接着说：

> 伴侣们可能需要在彼此的背景和视角上有一定的咨询。一方可能在一个非常不同的文化背景下描述两个人之间的那种婚姻关系，而没有觉察到另一方的文化传统和期望。他们会无意地触怒对方。作者常常做这样的比喻，一个人到了一个不同的文化背景中和其他人见面时所遇到的问题，就好像是一个具有亚斯伯格综合征的人和正常人相处时所遇到的问题。

当 Gisela 知道自己怀孕了的时候，她欣喜地发现，Chris 对怀孕这件事情极感兴趣，并且"他在这个过程中表现出越来越强烈的好奇感。他喜欢去感受婴儿在肚子里的蹦踢，想知道怀孕的时候感觉是怎样的。他会看着那个'肿块'，而我从来没觉得他认为我不迷人了；事实上恰恰相反，他仍然让我感觉我在怀孕过程中非常具有女性魅力"。

酒精和抑郁症

父亲和亚斯伯格综合征

不是所有父母都如此幸运。有一次我和一对夫妻工作，妻子的两次怀孕经历都被准爸爸认为是令人抑郁的。David 是饱受亚斯伯格综合征折磨的人，他记得他经历过的孤独、被隔离的童年，不被他的父母和同伴们理解，而他也将他的后代看作令人沮丧的痛苦。他那平时很愉快的妻子 Kiera 在回顾 6 年前和 4 年前两个儿子分别降临时显得很悲伤。David 是一个销售员，每晚回到家后都会喝酒。

最开始，David 解释说因为工作压力他不得不放松。然后，他责怪妻子在给孩子喂奶的时候总会吵醒他，因为她期待他至少能够帮忙换奶瓶以获得休息。随着时间的推进，他会有新的喝酒理由。David 在一次治疗会面中崩溃了，他说："我受不了了。养孩子的紧张程度超过我的承受能力。大儿子已经被诊断为亚斯伯格综合征，而现在看起来，小儿子 Fred 也有这种情况。"讽刺的是，"他补充道，"我理解他们是什么样的人和他们会在今后的生活中经历什么，但是这是我以一个局外人的角度来看待我的孩子，我被照顾他们的那些责任给吓怕了。不用奇怪我为什么会酗酒。但我确实意识到事情不能再这样下去了。"

他和妻子一起持续接受了几个月的心理治疗。我们非常好地利用了那些时间，探索那些真正引起他痛苦的童年时代，这无疑在他的青少年时代引起了严重的抑郁，而现在又被儿子们的降临重新激活了。他深深地爱着儿子们，但是他发现家庭生活十分有压力。如他所说，他了解孩子们不寻常的行为模式，但是这些了解并不能提升他的耐心。Kiera 是一个具有直觉的母亲，她会花上几个小时去关注孩子们的需要，当然，有时候这也会对他们自己的婚姻关系造成伤害。

"如果 Kiera 没有时间去收拾玩具柜会怎么样呢？"我大声地问，"如果孩子们需要她的陪伴，她就和孩子们一起去玩玩具、绘画，这样度过时间会更好，你不能感受到这一点吗？ Kiera 在这里告诉我们，她很多夜晚都熬到很晚，只是因为要做一些家务工作。大概你感觉到有点被忽视了，是吗，David？ 对于你而言的特殊时间在哪里？ Kiera 的特殊时间在哪里？ 在我看来，她尽了她的全力去做一个好母亲、好妻子，以及对 Fred 和 Joe 的专业照顾者——你们两个都需要休息了！"

他们听了我的评论后眉毛上扬。我如何建议他们离开男孩们去度过一个短短的假期呢？是的，尽管外公外婆会很高兴合作（并且能够应付挑战），David 和 Kiera 好像认为将孩子们扔下几天是不可能的；这个建议没有讨论的余地，看起来是个遗憾。在危机中有真正的危险正在浮现，要么是和酗酒有关的问题，要么是情感崩溃，要么二者皆是。现在蓄势并计划一起休息会重新给他们的关系充电，提供能量和那些以一个家庭携手并进所需要的确定因素。

我们坐在房间里的时候，似乎有一片自我破坏的乌云漂浮在他们头顶上。我猜，David 想象从父母角色中离开一段时间的好处时，过于深度地抑郁了；在某种水平上他反而喜欢自己的困境，正如他感知到的：使他的痛苦在一个压力—饮酒—睡觉—压力的圆圈中循环。而且，Kiera 作为一个至少两名亚斯伯格综合征的男性的照顾者，在她的角色中已经耗尽了能量，她只能每天一次看到自己正在发挥作用，遭到疲倦的警示，并且因为她的丈夫不分担工作而对他生气，实际上，她更愿意和他独自在家度过一个假期。

在接下来一周发生的事情并不让人奇怪，Kiera 宣布，负责从学校接回孩子的保姆（这样夫妻二人就能够来做治疗）说她再也不能做这个工作了。由于他们住在离学校 3 公里远的一个村庄里，看来除了结束治疗没有别的方法了。如果进入更深层次的无意识世界可能会显得有些可怕；对 David 和 Kiera 而言，他们被无意识和有意识的担心征服了。

左 翼 青 年

在这一部分要讨论的最后一个个案是关于夫妻中的一方有亚斯伯格综合征所经历的另一类问题。

Annie 相信，她身为计算机技术人员的丈夫 Jeremy 应该被诊断为具有亚斯伯格综合征，因为 Jeremy 符合大部分她所读到的诊断标准。但是，她相信，50 岁的丈夫不可能去做治疗，所以她不得不针对他的亚斯伯格综合征与之争吵、挣扎，而没有一些让人舒服的标签来解释那些症状。抛开 Jeremy 的年龄和专业能力，Jeremy 有时候看来像是一个"左翼的、固执的 13 岁小孩"。他在一个周日消失在当地的一个酒吧中，沉浸了 4 小时，将他们的狗拴在外面，而不管当时的天气有多么热。酒精是一个稳定的能够令他舒服的资源，陪伴他减轻孤独感。Annie 继续说道：

> 未来对我而言是可怕的。即使 Jeremy 没有得到确诊，我也毫无疑义地认为他有亚斯伯格综合征，对于我从阅读中学到的那些能够帮他克服困难的策略，他有很好的回应。事实上，我觉得我创造了一个怪物！在我们最初见面的时候他非常缺乏自信，但是通过教他说出自己的话，好像我给了他一个执照使他能够在公开场合很粗鲁。最近有一次我们在一家超市的收款台前，Jeremy 大声地说："哦不！我们真是脑子里进水了才在这个款台，让我们去另一个收款台吧。"我非常受伤害。然后，在药房里，他对一个年轻的女助手说，"这是你第一天在这儿上班，是不是？"她看起来很恼恕。我们之前刚从另一家商店去到那家药房，在那家商店里一个助手为她动作太慢向我们道歉了，她说那是她第一天到那里上班。亚斯伯格综合征患者只能从字面上理解意思，不能理解暗含之意：所以对于 Jeremy 来说，一个新的工作意味着所有人都会在他们的第一天上班时慌乱不安。

阿特伍德（Att wood）得到的一个有意思的观察是通过 Digby
Tantam 而来的。这个人对前面所提到的各种个案情况进行了可观的
纵向和深度研究，并且在《英国精神病学杂志》上写了一篇具有决
定性意义的文章。关于这点，阿特伍德在他的著作结尾处评论道：

> Digby Tantam 使用了属于"持续一生的古怪行为"来描述
> 有亚斯伯格综合征的人群的长期患病后果（1988 年）。古怪行
> 为这个词语并不是贬义的。在作者的观点中，古怪行为是生命
> 这块鲜艳的织布上光亮的线。如果我们没有珍视具有亚斯伯格
> 综合征的人群，我们的文明化进程将会非常枯燥和贫瘠。

当悲剧敲响警钟

在共度了数十年快乐时光后，从来没有经历过像前面描述的关
系困难的夫妻，可能会在健康出现问题的时候备受打击。任何一种
疾病都是很难用术语去定义的，但是所有的疾病都肯定会粉碎家庭
中的安全感，以及伴侣们长时间以来学会的将快乐依赖在彼此身上
的日常生活舒适感。这些对他们的关系十分重要，把生活看作受关
系滋养的、足够安全的坚固岩石的状态都将结束。

对于 Alan（第 1 章中提到的）来说，当咨询师诊断他深爱着的
妻子 Hilary 患有亚斯伯格综合征的时候，坚固岩石动摇了。之前的
一些时间中，Hilary 在驾驶、购物、记事方面显示出了一些困难的

迹象。有一天，在忙完差事约好见面后，Alan 等了两个小时，直到他看到 Hilary 走过去而没有认出他。他抓她的手臂，他们两人都非常沮丧和愤怒。

　　她之后开始变得安静，不久之后她就说，她应该去看那个将她转诊给一个精神病医师的医生。正是那次转诊导致了后面不断的面谈和测查，长达九个月的过程（在国家健康服务系统中）非常可怕，之后我们就有了诊断结果。之后的两年多时间里，在我们的房子里照顾她对身体考验是很难的。最后，我们长大了的孩子和我决定，她应该回家。Hilary 已经发展出腹泻，所以我们无法离开卫生间。如果我们尝试离开去散一会儿步，她的腿可能会突然垮掉，而我就必须带她回她的家。

　　通过所有的方式，她和我在一个有直觉力的水平上保持着联络。我们进入了一个非常陌生的领地，我猜一些人会称为精神领地，在这里，我总是想，不管她的情况变得多糟，未来都会比现在好一点儿。

　　看着她像一棵（被她的病）砍倒了的树，这种痛苦使我非常伤心。我所记得的最糟糕的时刻之一就是当 Hilary 被送回她自己家之后，朋友们对我说“你得照顾你自己了”，还有当护士说“振作起来！”的时候，我想说的是“滚一边去”，我非常生气。我不想使用什么手段，我就活在愤怒中。它让我感觉更加诚实，即使在它有时候如此伤人的时候，我也宁可受伤，而非假装。

Alan 每天两次探望 Hilary，他会频繁地对她说，"你不知道我有多爱你"，握着她的手——在九个月的沉默之后——除了她也紧握他的手之外无其他期待。然后有一天，她清楚地说了一句"我爱你"。听力是亚斯伯格综合征患者最后丧失的能力。Alan 因为 Hilary 能够理解他在探望她时所说的话而感到放心。他请求原谅，如果他在他们一起生活的时候伤害过她；他跟她说话的时候好像是在进行一个对话。如果眼泪从她的眼眶中流出，Alan 的一句"你感觉难过了"的解释好像是能够帮助 Hilary 的。

他们的故事非常感人，表明了在最艰难的情况下一段夫妻关系如何存活，如何在困难之下滋养彼此。Alan 的行为表明，通过 Hilary 的病情这一悲剧，他们从精神上找到了其中蕴含的华美，这使她离开了他们正常的生活却仍然保持了亲密感；正如 Alan 相信的那样，在这个陌生的领地中，背景和残缺都没有什么显著影响。

其 他 方 式

带病生活，意味着患者在医院中治疗结束返回后，仍然可能会需要康复时期，或者无限的家庭照顾，这显然是具有创伤性的。不管是照顾者还是患者，伴侣双方会被扔到一个情绪混乱的漩涡中，既无法轻松地应付新的情境，也无法按照自己的步调去处理危机。抱怨、依赖、枯竭和绝望都会很容易进入他们的生活。

我们频繁地听到癌症患者坚决地声称"我们会战胜它！"，然而只看到他们后来深陷懒惰之中；或中风患者刚开始时乐观地谈论再次开车和行走，但后来深深领悟到这两件事都是不可能的。接受过子宫切除术、单侧或双侧乳房切除术，或者两者都接受过的妇女，她们在离开医院回家时可能感受到的混乱也许并非聚焦于她们对较差预后的恐惧，而是在于她们对自己是否仍然对伴侣有吸引力的焦虑。像这样的敏感问题需要敏锐的咨询。咨询师不太可能通过仓促地向她们保证她们的丈夫当然会发现她们和过去一样有魅力，来为这些焦虑的出院患者服务。她们的丈夫可能不会这样。在这种情境下，悲伤迟早会在治疗室中表达；夫妻失去了在对方身上找到的性快感，妻子陷入了绝望中。医师需要和她坐在一起，包容她的忧郁和愤怒（"难道患癌症是我的错吗"），并且等到她慢慢地和新形势和解为止。

像丹尼斯·布朗和乔纳森·帕德在《心理治疗入门》（*Introduction to Psychotherapy*）中说的一样，有一段时期治疗师能做的最多只是在那里容忍焦虑和不确定："像一个可靠的担忧的人一样生存（也许幸免于患者的敌意和对即刻行动和奖励的要求），直到事情变得更加清晰，且最终达成理解为止。

那么伴侣们卷入了什么呢？对一些人来说，他们的生活会无限期地被改变，不管是他们的性活动、社交的改变，还是只是简单的家庭惯例的改变。对另一些人来说，这些改变可能并不那么激烈，可能因为他们有家庭的帮助，或者患者在白天时自己能照顾好自己。生命并非完全被颠覆，尽管需要优先照顾患者的利益。如果在家里有小孩子，需要尽可能减少对他们生活的破坏：和有缺陷的父母闲谈他们的一天，聊聊作业，分享一起看的电视，最好也分享晚餐。

对把性生活作为关系中重要部分的夫妻来说，经历疾病或意外后力比多⊖或者性能力的突然消失可能会成为一个巨大损失。对健康伴侣来说，这意味着一段被强制的沮丧时光。一些人可能最终能在其他人身上找到释放，尽管他们生病的伴侣鼓励他这么做，他们也常常被愧疚缠绕。咨询这些案例需要精细的调查。丈夫（或妻子）是否真的知道，或者暗示婚外性关系可以被容忍呢？通常伴侣会希望相信他们获得准许了，然而无论如何仍为获得这种准许感到愧疚，可能并未事先和缺陷伴侣确认。

这并非是正当的，但一个微妙的情景要求微妙的协商。在治疗室中，可能有必要从照顾者身上引出这一议题。照顾者可能不愿意让自己在伴侣丧失能力的背景下显得自私，那样很冒险。然而，照顾者最好是在咨询室中安全的氛围中探讨他们的需求和恐惧，而不是把所有的事情都藏在心里，直到在家庭中爆发以导致更大的负面影响。

在这种情况下，交流永远是最佳选择。患者在家庭中被认为是脆弱的，他们并不清楚自己的真实想法。因此，患者应该意识到，他们应该独立做出成熟的决定，

⊖译者注　力比多指性力。精神分析学认为，力比多是一种本能，是一种力量，是人的心理现象发生的驱动力。

以一个成年人的身份采取行动，而不是停留在"爸爸妈妈说什么我就做什么"的幼稚阶段。尽管一对夫妻关于外遇的问题达成了一致，还是要考虑随后的嫉妒感受，或者对于伴侣被婚外关系所诱惑而离开的恐惧。

夫妻两人的性需求可能永远无法是一致的。在家中夫妻二人忽视了性生活并感到满意，或因为彼此不需要对对方履行不尽如人意的性义务而感到释怀，还会有其他的获益。举例来说，一位娶了患有肌痛性脑病（ME）或称为慢性疲劳综合征的妻子的患者十分不情愿地承认，他实际上很享受因为妻子的处境而给他带来的社交方面的自由。

达成妥协

作为每晚下班回家后都对妻子"关怀备至"的回报，妻子建议丈夫时常去与男性朋友打高尔夫，甚至鼓励他组四人队伍飞往国外参赛。二人找到了一个有效的折中方案：一种共谋的让双方互惠互利的模式。丈夫将他全天的投入给予妻子，妻子则以允许他与朋友外出打球作为回报。没错，这是一种类似母亲和孩子的关系，同时没有人处在困境，即关系和谐。但是，如果从两人各自对于现状的满足来考虑，情况其实可能恰恰相反。患者和他的妻子（如第 3 章介绍）都在无意识地抵制成长。任性的母亲配永远长不大的小男孩。由于有一定的经济能力，丈夫在愉快地外出旅行的同时，不仅可以为他的出国比赛付钱，也能承担起妻子临时通宵"照顾者"的花费。不幸的是，这种共谋的行为有着停滞的特性，可能导致夫妻双方都无法在心理上成熟。

　　慢性疲劳综合征患者是可以痊愈的，但是多年来，这位患有慢性疲劳综合征的妻子已经永久地适应自己的床了，并由于对恢复健康以承担外在责任所具有的挑战感到恐慌，她在无意识之中选择了自己的卧室所带来的安全感。这并不是说这种情况或任何其他的致残疾病都有神经方面的根源致因，但是随着关于慢性疲劳综合征（心因性，还是病毒引起的？）的讨论继续进行，上述设想的确提供了一个身心根源致病的有效实例。布朗和帕德认为当人们与他们自身或他们的关系（之前章节提到的核心议题）的不可接受，且常常是无意识的层面产生无法忍受的冲突时，便很可能会生病，并将问题告诉一个可能给自己带来帮助的人，比如医生。

　　在患者可以放弃"初级获益"（primary gain）之前，我们必须找出、理解和修通（反复的体验和解决）患者对症状和防御的需求，初级获益指的是源于情绪不适的即刻自由的益处。与任何残疾一样，如果患者被耽误了，他们也许会学着充分利用他们的神经症症状和防御。他们逐渐具有特定的社会功能，维持能够给自己带来好处的角色和关系，比如会出现同情心理和早期抑制的隐藏的复仇情绪。在一些家庭里得到关注是很难的事情，因而疾病也许会成为一个有着特殊需求的人来获得关注的唯一方式。

虽然这个话题在心理健康的大范围中有极大的重要性，但在此不再对此展开讨论。读者若想了解更多"想法如何影响生理"的内容，可以阅读在此类型诸多优秀出版物。

疗愈之道 ●

当疾病或脑功能障碍影响到一对夫妻的时候，会有无法预料的困难出现。不管是重大疾病（如癌症、中风、心脏病）还是轻缓一点的类型，疾病总是家庭生活的中心。伴侣、孩子、亲戚都卷入了紧张的生活戏剧中，情绪危机难免会产生，生活也会陷入混乱。诊断几乎总是意味着一个转折点：每个牵涉其中的人都有一些事情要"坚持下去"，这一标签解释了很多，且有助于调整。

如果没有诊断，如一些亚斯伯格综合征患者（特别是那些相对来说表现正常的中年人）的案例中，在亲密关系中遭遇的困难也许就令人疑惑了。伴侣无法理解他们看到的奇怪行为，甚至更糟的是，他们无法让爱人明白他们的不解。

有时候一对夫妻会参加治疗，在第三方（治疗的工作就是理解夫妻双方的困惑）的协助下协调他们之间的问题。正如我们之前看到的，为亚斯伯格综合征患者悉心解释争论的可能根源和提出易操作的对策是很有用的。每个人都要遵守涉及的特殊要求。比如，亚斯伯格综合征患者有时候也许能够通过电子邮件和伴侣更好地交流，因为在混乱的状况下，患者可能要花更多的时间去较好地吸收对话的内容。

当一个患者独自参加咨询或治疗来探讨家中的问题，他们最需要的是一种安全、支持的环境，在这种环境中，他们能够自由地倾诉他们的悲痛、恐惧、内疚或内心的释怀。很有可能夫妻一方正隐隐地期待伴侣健康出问题，因为那意味着他们期待已久的崭新的自由（这点并非意指之前的老年痴呆案例）。治疗师必须做好准备迎接任何的忏悔，并且不应对这些倾诉做出评价，而是帮助患者意识到他们的感受的含义，以及他们应该对自己诚实、对他们的所作所为负责。

下一章将涉及遇到的其他困难，如错误想法、边缘性精神病、继承的信念系统等，这些问题会导致极大的情绪上的伤害，比之前已经确定的案例更细微更明显。

第 6 章

会遗传的有害信念

Relationship
Therapy

　　家庭会复制，有害的信念会在不知
不觉中从祖父母传给父母，又从父母传给
孩子——不管你有多么努力地不去重复。
一旦你开始质疑自己长期以来持有的家庭
生活方式，改变就有可能发生……

代际缺乏养育将会产生可怕的后果。父母一方或双方的错误思维，当然是从他们的父母（他们的父母很可能也接受了类似的不敏感地对待）那里继承下来的，能够并且确实顺利地遗传了下来。毕竟，谁会挑战呢？一个年幼的孩子仅仅知道在家里发生了什么，他们没有别的观点以供参考。

如果在晚上，两个小姐妹留在酒吧外吃薯片，而她们的爸爸妈妈在酒吧里好几个小时地酗酒，那么很有可能她们将成长为不会考虑自己孩子的情感需要的女人。如果一个钢铁工人的儿子只知道贫穷、粗话，并且逃避生病和暴怒的父亲，那么他将成长为一个不会在后代面前表达感情的人。

当焦虑的妈妈不断对女儿说："如果我们出去的时候我在大街上突然死了，那么你去找一个和善的女士，告诉她我们住在哪里。"那么，这个女孩成人以后就会恐惧自己可能突然死在大街上。有一个女性名叫 Pat，她是三个孩子中的一个，她被送到苏格兰，与祖父母待在一起（原因不明），仅在她被接走的三个月后，她就有了一个小弟弟。被抛弃的震惊和被拒绝的感觉伴随她一生，对突然死亡的恐惧也是如此。但是为了向自己证明，她有足够的能力在接下来的几年内照顾她脆弱的妈妈，她会到垃圾桶里找破碎的玻璃，割破自己的手并且忍受疼痛。现在 Pat 是一名咨询师了，直至今天，她一直坚持认为她唯一的动机是发现她能在多大程度上应对一切——被严重割破的手指并不意味着要得到他人的同情。她知道自己不可能得到同情，她的行为只是在测试自己足够坚强去照顾母亲。正如在

《意识与潜意识》一书中所指出的，当一个孩子三岁以后，"他就已经能够通过自我指导来引导自己的行为，并且自我指导的过程顺理成章地秘密进行"。

　　这些故事告诉我们，除了落后的教育、贫穷，以及时代特色的文化信念之外，儿童在不知不觉中经历的抑郁的背后还存在基本心理成熟度的缺乏问题。我们注意到在维多利亚时代教育中，孩子（在中高阶级家庭中）被期望保持沉默，除非是大人跟他们说话，并且被期望通过预约才能见到父母。无论是什么阶级，这些遥远的情感似乎都是无趣的。也许除了富有的家庭，依恋的需要都是未被满足的，在富有的家庭中，保姆能够提供某种形式的主要抚养。

　　精神病学家和心理学家约翰·鲍尔贝（John Bowlby）提出了依恋理论的概念，并且在他的"依恋与丧失"系列（Attachment and Loss）丛书中对此进行了广泛的阐述。我们从约翰·鲍尔贝那里了解到，婴儿在压力情境下需要靠近他们的依恋对象；准确地说是从九个月开始，三岁时达到顶峰。由此，我们看到对于安全基地（secure base）的需要，无论是从照顾者还是从敏感的妈妈那里得到，在孩子的发展过程中，当他们开始向外探索的时候，安全基地的需要便成为一个关键的因素。在发展的每个阶段都可能出现危害，比如说那对在酒吧中酗酒的淡漠的父母，把他们的女儿丢在酒吧外的台阶上，没人照顾她们，她们孤独地待着。这样，孩子的情感生活只停留在基本线上，不会有任何发展。

父亲与儿子

一个来访者从他的父亲那里继承了对情感的无知，他父亲的父亲在威尔士采石场经历了十分苦难的工作经历，经常找不到工作，饥肠辘辘，无法养活他的大家庭。家里的长子被送了出去，不得不自己谋生（不管在哪里谋生、怎样谋生），因此，这个 16 岁的小伙子发现自己是孤单、生气和绝望的。当他发现家庭的结构和发展路径的相似之处时，他以最快的速度参了军。最后，他遇见了他的妻子（妻子也拥有一个阴郁的童年），并且发现他们怀了一个他们谁都不想要的孩子。

Peter 回忆说：

> 从我记事起，爸爸就是抑郁的，他总是沉默并且非常安静，没有任何情感。如果他认为我是错的，就用皮带打我。甚至他不确定是否是我的错时也这样……就好像他把愤怒都发泄到我身上，他的愤怒源于在他还是一个十多岁的孩子的时候，就被家里送出去了，因为家里没有足够的食物，不想要他了。

> 当然，以上可能不是全部的故事：我的祖父母并不可怕，并且他们也被生存的恐惧所驱使。他们的长子有一个好机会去某个地方谋生，因此他们决定把他送出去。但他永远不会原谅他的父母。现在，我处在原谅我父母的困境当中，现在我无法原谅我的父母，因为他们没有在我还是一个孩子的时候为我付出爱和情感，但是他们会回过头反省吗？家中是一片抑郁和焦

虑的荒芜土地。

在理查德·马德利的自传《父与子》中，他描写了一个被抛弃和背叛的故事，也是如此痛苦以至于让人无法相信。在 1907 年，他的祖父 Geoffrey 只有 10 岁，并且激动地期望着在第二天和他的家人乘船航行，到加拿大开始新的生活，但当他醒来的时候，发现其他人都已经走了。为了报答 Geoffrey 的叔叔对他们 8 张单程车票的帮助，他的父母私下同意了把 Geoffrey 留下帮助叔叔打理 Kiln 农场。Geoffrey 对此一无所知。在他再次见到他的父母和 6 个兄弟姐妹的时候，已经是 10 年后了。

Geoffrey 也有了自己的孩子，当他的儿子 Christopher 4 岁的时候，他充满想象力地试图在院子里种下巧克力饼干，并希望它能长成一棵树，Geoffrey 对此十分愤怒。这是 20 世纪 30 年代经济大萧条时期，几乎没有什么奢侈的东西可以提供。Geoffrey 拿起一根拐杖打他的儿子，并且骂他是"邪恶的浪费"。然后，当作者理查德·马德利 7 岁的时候，Christopher 暴打了他，在随后的几年对他重复这种拐杖的惩罚。理查德·马德利在他的书中这样写道："我将父亲对我的暴怒，看成是疯子的血统。"一天，Christopher 尝试解释他的愤怒，他认为这些事情是跟他的童年有关的，就像他自己的父亲一样，因为自己痛苦的经历而爆发愤怒：

> 我认为这可能是问题的关键，并且我有了支持性的证据，这些殴打激起了我自己童年时代的痛苦经历，而形成了多米诺

骨牌效应。

这些几乎是仪式性的惩罚——神圣的木棍从角落到橱柜都在传播着沉默的警告；处罚的指定地点（总是在会客室，这里有很好的家具）——并不仅仅发生在 Kiln 农场，它们是一天的例行礼仪。大多数父母仍旧按照维多利亚"节约了木棍就是溺爱了孩子（棍棒之下出孝子）"的原则来管教孩子。父亲和母亲，快乐地在他们犯错的儿子和女儿身上挥动着皮带、竹竿、皮条、戒尺和鞋子，而且当他们被告知他们是孩子的虐待者时，他们会非常震惊。

依 恋 类 型

婚姻与家庭治疗师、督导师巴巴拉·布洛姆菲尔德（Barbara Bloomfiled）在他的书《发现爱的关系指导》（*The relate Guide to Finding Love*）中提出了代际的依恋类型。指出许多人努力纠正他们在抚养中接收到的信息，努力为他们自己创造出更富有爱意和更稳定的关系，他说：

正如那些跟许多关系出现困难的伴侣一起工作的关系治疗师们所说，我们总是频繁看到依恋类型（既有益处又不那么有益处），从祖父母传给父母，又从父母传给孩子，不管个体多么努力地尽力不去重复。

当我们处在大量的压力之下，依恋模式会成为"错误的"

设置，使我们深陷其中，在这个压力和危机下，依恋类型会特别引人注意。比如说，Megam 注意到当人们说话声音提高的时候，她倾向于变得退缩，并且在任何讨论或者争论开始之前便离开这个房间。在她童年时期，一直以来应对大声喊叫的父母的策略便是藏在桌子下面，父母频繁和不可预期的争吵已经把她吓坏了。但是，作为一个成人，这个回避的策略对她成长为一个独立的个体并没有好处，因为男人会把她看作一个胆小的女人，这个女人往往从有趣和生动的谈话中退缩。

正如巴巴拉·布洛姆菲尔德后来的解释：依恋是一种特殊的情感关系，这个关系涉及照顾、舒适和愉悦的互换，人际持久的心理连接。她引用了一个自己做的研究，这个研究指出，父母把自己的依恋类型传递给后代的概率高达80%，在因为本书而与她进行的一次访谈中，我探求她关于我们祖先的早先岁月的观点，那个时代彼此的连接明显缺乏质量。她说：

维多利亚时代没有描述他们内在生活的方法，Freud 直到 20 世纪才开始渗透到社会中，并且仅仅是在上流社会。在 20 世纪初到 20 世纪 50 年代，依恋意味着什么？他们并不知道，也很难知道，因为他们因疾病和战争失去了很多孩子，现今我们中的大多数孩子活下来了，但是我们的祖父母通常会失去四个以上的孩子，主要是在维多利亚和爱德华时期。这种失去必然会形成一种有问题的思考方式，并且跟家庭密切相关。

当然，这个态度可以解释 Goeffrey Madeley 的父母因实际的生存原因而在那天晚上丢弃他：留下一个身体健全的孩子在农场为一个男人工作，这个男人能够给他的亲戚们一些钱在加拿大开创新的生活。很难理解他们的理由；也很难理解一个母亲（虽然肯定有情感的伤害）能够允许这样无情的事情发生。遗弃的确会引起悲伤和持久的伤害，这一点从那个男人对他下一代的愤怒上可以得到证实。

对过去的很多家庭来说，贫穷是一个巨大的影响因素，缺少食物是他们主要关心的问题。如果一个孩子死了，就意味着少了一张嘴吃饭，如果一家的男主人失去了工作或者病倒，那么家庭主妇和她的孩子将会挨饿，或者最后沦落到救济院。细腻的情感，如依恋的爱、安全的抱持、细腻的倾听——在那个环境里，哪有这些奢侈品的一席之地？谈话治疗的世界被看作一个无意义的来自外部空间的陌生信息。

有一个令人疑惑的地方是，在其后连续的几代中不再有饥饿问题，而家庭中也没什么更多的话题，只不过是之前关心的一些话题的扩展：雇用机会、工资、原材料和安全。如果来自这样的家庭，年轻人几乎不懂得表达情感的价值，尊重他们自己孩子的快乐和天赋的价值。可悲的是，这正是为什么今天的许多中年男性来访者报告当他们小的时候，没有得到足够的来自父亲的情感的原因，正如 Alix Pirani 在她《缺席的父亲：危机与创造力》一书中指出：

> 父亲能够忍受不一致的程度是不同的，这种不一致主要在

于他们认为他们在抚养中表现出来的角色和真正
做父亲的过程中表现出来的真实角色之间的不一
致……目前真正的挑战是让缺失的父亲回来，无论
她上下文的意思是什么。看起来已经发生的是：那
些已经消失或者退缩的父亲仍旧在一种震惊的状态
中，他们并不十分确信是什么打击了他们，努力地
避免感受痛苦、内疚、迷惑，并且模糊地希望母亲
能够帮他们搞清楚。母亲尽她们最大的努力（如撰
写相关主题的书），但是这还不足够。缺席的父亲需
要连接他内在的珀尔修斯^㊀（Perseus），修通他与妻
子、家人、社会，以及他们假象出来的美杜莎^㊁的
那个部分之间的感情，并且持续地运用他的想象和
所有可获取的资源去帮助他们恢复自我意识（sense
of himself）和作为一个男人和先驱的潜能。

　　我们看到了他们的困境，几代男人从他们的父亲那里
学到了沉默和不表露感情，并且无意识地教会他们的儿
子做同样的事情。如果考虑这个问题的话，在家庭中表
达爱和愉悦被认为是不必要的。当他们淘气的时候，父
亲对他们大喊大叫，用皮鞭抽他们；或者仅仅是开个玩
笑取笑他们，这些都是父亲的标准行为。这些习惯会延
续下来。

㊀ 译者注　珀尔修斯是宙斯之子。

㊁ 译者注　古希腊神话中三位蛇发女怪之一。

比如说，一个现代的年轻父亲在花园里跟朋友娱乐，目的是为了得到惬意的愉悦，同时他注意到六岁的儿子在旁边吵吵闹闹，"把我的枪给我。"他讽刺地说，"我已经受够了这个噪声。"这个小男孩听到了父亲的话，惊奇地看着他，当然也停止了他的游戏。他知道他不会受伤；但这不关键，关键是和他父亲之间真正的连接几乎不存在；他通常是父亲开小玩笑的笑柄。我们很容易就猜到这个孩子已经对自己产生了较低的感受，在他的家庭中，他崇拜的偶像经常说一些不假思索的贬低的话，他日益缺少在这个家庭中的价值感，但这是这个年轻人在他自己还是一个小男孩的时候被对待的方式的复制。他不知道有其他的方法。

女人的屈从角色

在这个过程中，女人在哪里？在过去的家庭中，性别的问题是主要的分裂，在这些家庭中，父亲"知道最好的"而母亲是屈从的角色，这是代际流行的典型的规则。没有权力，顺从于丈夫，一个女性相对来说是没有声音的，并且通常依赖她的丈夫生活。如果没有计划生育的话，她可能期望生更多的孩子，当然也有可能会失去几个。除了那些来自上层社会的家庭，谁又能负担起家庭和护理的费用呢，大多数女性发现她们已经筋疲力尽。小一些的孩子通常被大一些的孩子照料，一点儿也不奇怪，兄弟姐妹之间的竞争、心胸狭窄的妒忌以及欺负会在那些日子里十分常见。仅仅是比较幸运的年幼孩子发现他们自己被哥哥姐姐充满爱意地照顾、表扬和理解。

错误思维？错误思维是非常多的，部分因为时代的一些道德观念而使得这些错误思维变得模糊，但是它们是家庭的关键，错误思维涉及成见、害怕被邻居批评、需要有良好的表现，不惜一切代价得到尊重的要求，尤其是害怕当地政府的暴怒。当代治疗师想要鼓励的情感发展范围在哪里？在生活中按照"你不可以"的文化来执行是一生的信条。大多数年轻人在成长中害怕偏离常规，这并不让人感到惊奇，他们仍在紧抓着某种形式的恐惧。现在最重要的是社会的生存。内在驱动力是希望有良好的表现、被欣赏，也十分有可能是妒忌。

在形成这些我们世代承载的错误思维的过程中，罪恶感（guilty）起着并且仍将起着很大的作用。罪恶感很大程度上是被当时的宗教所灌输的，但同时也被一个严格的长者抚育，无疑跟祖先有联结。正如一个年轻的来访者所说："我是伴随着这样的声音长大的，'尽管你是那样的人，我们还是爱你'，不是无条件的爱。这使我把父母看成圣人，因为，即使我很不可爱的时候，他们也仍然喜欢我。但当未婚夫对我说'我爱你，因为你是你自己'时，我哭了。因为在这之前从没有一个人对我说过这样的话。"

诸如此类的有害的信念系统会带着不同的伪装出现，当一位祖父无意中听到女儿慷慨地表扬她两岁的儿子时大吃一惊。"永远不要表扬他，他会膨胀的！"他警告着，严肃地警告着。这个祖父在小的时候经常因为淘气被锁在楼梯下的橱柜里。他从来没有因为做了什么好事而听到一个字的表扬，很自然地，当他长大后，他相信如果他的孩子自我膨胀，将会不受欢迎。他一点儿也没有意识到，她需要她能得到的所有鼓励，尽管小时候被剥夺了，她成年以后也会努力去获得。因此她决定改变与自己孩子的相处模式，在每一个转折点都鼓励孩子。在治疗中，这位年轻的女士回忆道：

> 我在学校里很努力地学习，为了得到一个很好的分数去取悦他，如果100分的题，我得了99分，我的父亲将会拿起这份试卷，并且问我丢掉的那1分是因为什么，为什么我把这个问题弄错了。我从来没有听到他说过"做得好！"有一天当我回家的时候，所有的这一切又在我身上发生了，我又累又饿，却被养的小狗咬了。很不理性地，我想对小狗说"毕竟我已经为你做了这么多，努力工作挣钱养活你，还带你去散步，可是你咬我。这不公平！"现在你问我回忆起了什么愤怒感受，这时我的父亲出现在我的意识里，当然，我把父亲带给我的挫败感发泄在小狗身上了——10年太晚了。

当孩子暴露在除父母之外的其他成人那里继承下来的错误信念之中的时候，潜在地破坏家庭生活的另一个有害信念就出现了。比如，"做一个好男孩，要不然祖母/祖父/姑妈就不再爱你了。"这些句子都带有上面所提及的创伤性的条件化的含义。这里需要强调的是，这个告诫与基督教圣经中可怕的警告仅一步之遥，圣经中警告犯错误的人将要遭受惩罚。

　　来访者 Phillipa 悲伤地开始理解她在女修道院的抚育过程多大程度上在无意识中影响了她建立一种不健康的共谋方式来处理她的家庭关系。被"应该"驱使着，Phillipa 发现自己处在一个三角关系中，在她软弱的丈夫和控制的且不自信的女儿之间：

> 　　Amy 继续从我这里得到她认为需要的帮助，以帮助她保持她的生活宣言——"我不能"。她不能开车，不能找工作，不能维持一个男友。但是，你知道，我觉得作为一个慈爱的母亲，我应该同情她。实际上，Amy 非常专业地控制了我：她知道如果我对她的要求说"不"，她就能依靠我的内疚感，因此，我取消了自己的计划并且帮助她。
>
> 　　至于依赖我的丈夫，他用了一个微妙的压力形式，这个压力是基于我害怕如果我跟女性朋友一起休假，他就会生病或出现其他形式的崩溃。他已经这样做了好几次了，并且每次我都会掉进他的陷阱里，因为作为一个尽职的妻子，我不敢冒险让他真的出事。如果在我离开的时候他崩溃了或者死了，我将永远不会原谅我自己。是的，他们俩确实在他们需要我的时候得到了我——听命于他们的调遣。他们知道我不敢说我已经受够了。这真是一个十分不健康的停滞的局面，不是吗？

　　Phillipa 开始拒绝上女儿的钩，以满足女儿控制的需求，她对此感觉很好（虽然她有时仍旧为自己打算反叛而感到内疚）。作为一个在大部分时间是和蔼的、自我牺牲的妻子和母亲，她说服她自己已经付出了很长时间，她偶尔打破并且拒绝满足家庭成员的要求。但是，她童年的模式已经深深地确立了。虽然治疗已经让模式有些松动，但是在 Phillipa 的案例中，即使快速地找到了问题的核心，仍旧没有快速地产生足够的效果。

一个被收养的孩子

Zak 是一个被收养者的唯一的孩子，这个被收养者对他没有感情（据推测，她从养父母那里也没有得到悉心照顾）。Zak 有记忆以来，母亲和父亲就一直是分居的。当他的父亲得了帕金森病并且住院以后，10 岁的 Zak 一直不知道父亲病情的进展。

一个月后，他的妈妈突然宣布："你爸爸上周去世了。"Zak 不允许去参加葬礼（这在 20 世纪 50 年代不同寻常），并且他不得不等到 50 岁才能彻底地去哀悼父亲的死亡，在治疗中他学习表达对母亲不负责任的对待的愤怒。（使用"委婉语"是另外一个来自过去的错误思维的案例，我已经听到过来访者仍旧对父（母）亲的死亡感到悲伤，记得活着的父母告诉他们已故的人已经"到山的那边"或者"到了另外一个更好的地方"。这个迷惑不仅仅是困扰着孩子，满怀期望地去等待更多的消息，而且不诚实。）

当 Zak 长大以后，他深受噩梦之苦，噩梦开始于妈妈一周一次把他一个人留在家里，而她出去玩 Bingo 游戏，并且和朋友们在外面待到很晚才回家。她没有给他任何解释。当他第一次意识到这个房子空无一人的时候，他感到非常害怕，他为自己的害怕而内疚。直到上大学后，他害怕自己一个人待着的恐惧感才结束。

后来，在他二十多岁的时候，他冥冥之中被一个女性所吸引（正如我们前面章节中所讨论的），这个女性无意识地扮演了他投射中的妈妈。被这熟悉的诱饵所吸引，最后，他也被关在妻子的卧室外面。他缺少更加强健的抚育（没有一个强的男性榜样）迫使他服从，正如他的父亲被迫服从他冷漠的妻子的禁欲要求。

在他完成治疗之前，Zak 提到："我明白了在我的家庭里面所有的痛是如何创造出精神分裂的。我已故的父亲和现在的我很像：他是一个被拒绝的男人，正像我一样，被拒绝了六年。我的希望是我的两个儿子能够转变这个模式，并且和女性建立爱的关系，愿意和她们分享生活（和卧室），得到他们应得的。"

不 当 回 事

当 Robinsons 夫妇（化名）开始意识到他们已经生了一个智商非常高的儿子时，他们暗自喝彩。Bruce 是他们全家梦寐以求的：迷人、幽默、非常聪明，并且注定有一个杰出的未来。他的妹妹 Emma 拥有蓝色的眼睛，温顺且漂亮，但是没有她哥哥的能力，在成长的过程中她总是站在聪明男孩的边上。她回忆说：

"与其与熠熠闪光的兄弟竞争而失败，不如不去尝试。我的父母从来没有说我没有头脑，但是他们对我也没有关于任何技能的积极肯定，如艺术的、语言的、创造力的。我不认为我值得他们像鼓励 Bruce 那样来鼓励我，也不值得配备昂贵的硬件，我也被他们所拥抱但是没有被肯定。我也得到了礼物，但是我会情不自禁地注意到 Bruce 得到的礼物值上千元（计算机或钢琴），而给我的是小沙鼠和发卷，所有这些东西是我需要的，并且在那个时候也是我要求的，但是从来没有跟 Bruce 在同样的范畴。"

在必修课程中，当 Emma 参加完她的普通中等教育证书考试（GCSE）以后，她打开成绩单，惊奇地看到她得到了四个 A*、四个 A 和两个 B。很快她就想，"毕竟我没有出什么错——试卷上面清楚地显示了！然而我依然相信我是没用的，因为我的父母并不会改变他们在家的行为。"她继续说：

"当我得到了 A 的好成绩并且上了大学时，我需要人们说'你做得非常好！'因为在我的成长过程中，从来没有得到那种赞美。Bruce 可能也没有听过，但是他是如此聪明。他们并没有曾经说过一些冷酷的事情，比如说我的哥哥是一个天才，而我是一个笨蛋。我在童年时所受的伤害，并不是他们说了什么，而是那种被忽略的感觉。也许如果我不是那么敏感的话，这些微妙的缺失就不会有这样的影响了。但是我认为他们阻碍了我成功的路径，因为到目前为止，事实证明我不是一个笨蛋，但是太迟了。然而，我确实回忆起妈妈说我的考试结果让他们十分惊奇。当然她并不是不为我高兴。现在，我不得不提醒自己，我有两个学位，要得到这两个学位我必须是聪明的。但是我无法将这些成就归功于任何人。"

Emma 结婚了并有了自己的孩子，她决定给两个女儿同等的关注和欣赏。她相信她所需要的准则（"你如你本貌一样完美"），现在她把这个准则用在两个女儿身上，她相信这将造就她们持续整个人生的自信。她的故事是有益的，在她的经历中没有人是有错的，当然，包括在 Amy 和 Bruce 从父母那里得到的全部的充满爱意的照顾和投入的质量方面。当父母沉默的时候，他们就无法向女儿表达他们在女儿身上所感到的自豪和骄傲，这个时候，错误的思维似乎就已经悄悄地开始了——正如她已经在观点中提到的。

也许 Emma 的父母自己也继承了某种行为模式，这种行为模式中没有慷慨的赞美和言语的肯定。因为父母双方都没有被如此有情感的文化所浇灌，因此即使他们对自己天才的儿女怀有深深的感情，在家庭的情境中也很难表达这些不熟悉的词。这是过去遗留下来的遗产。

一个儿童心理学家（我现在回忆不起他的名字了）曾经告诉我，在 50 年前他和年轻的患者们一起工作的最好结果是源于他缓慢地与患者建立起信任的关系。在所有的工作中最为关键也是他极力主张的是（就像是为一个不幸的孩子说话）："告诉我很好，并且赞美我，这样我就会好。"他比他那个时代的人超前了半个世纪，就已经确定赞同 Emma 的 21 世纪的信念系统，相信带着它通向滋养和鼓励的力量。

疗愈之道 ·

　　人的行为，无论好坏，都是一代一代往下传递的。在存在贫穷、教育缺失、恐惧或者文化、社会教条主张孩子不应该被看到更别说被尊重的地方，我们通常看到（按现今的标准）功能失调的家庭。我们实际是环境的产物，正如印第安哲学家基督·克里希那穆提（Jiddu Krishnamurti）在他《智慧的觉醒》（*The Awakening of Intelligence*）（1987）一书中所强调的，以及 20 世纪他在世界范围内进行的演讲中强调的。慢慢地，人们学着改变他们所继承的模式，打开了一个更有回报性的情感愿景的可能性。

　　这正是治疗师和心理学家们能够有效地工作的地方，推动来访者追述他们的历史，更好地理解他们的行为是如何被他们的抚育过程所影响的。当他们开始质疑自己长期持有的家庭生活方式的时候，改变就有可能发生了；但是很不幸，一些人为了想象中的安全的原因，选择不去质疑这些观点，而宁愿停留在这个熟悉的安全感中。

　　不舒服的问题会暗潮汹涌；困难的来访者会回避；一些话语会使得挑战烟消云散，如"那是我们做事情的方式"。这样的固执可能会对治疗师造成挫败，这些治疗师可能很期望向他们的来访者展示，如果他们打开改变之门，他们将在生活中发现更多的东西。诸如此类的一些鼓励性的话语，如

"像……""它似乎……""举例……"以及"假设你真的说了或做了××事，随后将会发生什么"——这些可能是有效的工具。这些鼓励的短语在使来访者们聚焦在他们童年时期看到的并且已经非常习惯了的对待方式和态度上，作用是令人十分惊奇的。

在下一章，我们将探索当伴侣们待在一起时共谋的代价，发现他们自己掉入一个无爱的或者憎恨的关系中，并且对他们来说分离看上去要么是不可能的要么是两种选择中不愿意选择的那个。

Relationship
Therapy

妥协回避、权宜之计的代价

动物为了原始的安全与不被攻击，会群居在一起，无论是分还是合，它们之间的沟通是清晰的，表达感受是直接的，行动是明确的。而人类则不同，当一对伴侣发现彼此的关系不再像过去那样吸引人时，他们很少会立即说出自己的感受，或不带任何痛苦反思地行动自如，装聋作哑、视而不见是常见的把戏，他们希望问题会自动消失，就不必去处理它。因此人类会拥有比动物更为复杂微妙的密谋、操纵乃至自我欺骗……

尽管有潜在的问题、遗传的损伤和个体的创伤等重负，关系依然会幸存下来。统计学家呈现了一张图表，这张图表反映仅仅超过一半的已婚者生活在一起；并且我们可以假想同样的情况存在于同性伴侣关系中，即使我们没有证据去证明这些。因此，很有可能，很多人，不管是同性关系还是异性关系会选择继续生活在一起，只是因为他们喜欢那样的方式，或者（如我们后面要看到的）有时是因为那样做是便利的。

如果我们看到一群马在一个地方吃草，它们会被证明对亲近有基本需要，寻求生物舒适的一个动机，这一点人类也有。最初，动物（还有人类）为了原始的安全而不被攻击，会群居在一起，然而，如果它们现在这样的话，明显的是因为一些社会的原因。我们看到马互相清洁彼此，舔对方接触不到的皮肤；用尾巴鞭打对方头上的蚊蝇；当其中的一个同伴被带出它们的小围场时我们会听到其他同伴的嘶叫声，只有当它们又团聚的时候才会放松下来。这样的依恋行为和人类的状况是一样的。然而，如果满足的共生不是关系中的黏合剂，那么我们就会进入不同的心理领域，而动物王国里并没有这部分。与人类不同，动物没有这种微妙形式的密谋、操纵或者自我欺骗。它们的沟通是清晰的：它们表达感受是直接的，并且明确地做出行动。

在人类的领域，当一对伴侣发现他们的关系不再像过去那样迷人的时候，他们很少会立即说出他们的感受，或不带任何痛苦反思地行动自如。他们发现自己面对的是一个令人不快的决策。是应该

继续忍受现在的状况，改变它，还是结束现在的关系呢？不是所有
的伴侣都能同时觉察到婚姻或者伴侣关系出了问题（就算真的有）。
（让我们回忆第 2 章提到的 Betty 的例子，这个女人对她丈夫的窒息
感一无所知，当他离开时候，她感到很震惊。）但是，通常伴侣们会
找到线索并且也许会找到勇气去讨论它们。然而，承认新的发展可
能使人气馁。许多人，像 Betty 一样，会无意识地装聋作哑或视而不
见；或至少像无数人希望的那样，问题将自动消失，这样他们就不
必处理它。如果问题不消失，那么当伴侣一方尝试坚持现状的时候，
我们就会进入复杂的，共谋的阴影领域之中。

　　在任何进展之前，我们必须指出的是，我们对于自己在生活的
某些时候采取的共谋行动或选择妥协回避或多或少会感到内疚。我
们可能不愿意触动家庭规则、家庭事务或者职业可能性，并且有意
识地选择共谋或者权宜之计。我们耸耸肩并且接受，付之一笑，忍
受令人不愉快的情境，直到它们能够改变为止。这是程度的问题。
但是，当神经症开始微妙地卷入这些不同的情境中的时候，我们可
能就会看不到处于危险之中的真正的事件，而这可能就是危险埋伏
的地方。

　　对那些无意识地采取消极路线的人，当他们忽略自己生活中的
停滞以及他们自己真实的需求的时候，他们没有意识到自己付出的
代价，因此，他们所持的生活理念将会与别人很不同。自我欺骗几
乎确定地存在于这种理念的背后；我们也不能排除无知、缺乏洞察
力以及恐惧。可悲的是，这种理念会被证明比他们能够意识到的更

加危险，待在一个不快乐的情境中，会损害心理健康，甚至会损害身体健康。

共谋是不诚实的

在我的《科林斯英语词典》(*Collins English Dictionary*，2009)中，共谋这个词的解释是"为了欺骗的目的而秘密达成一致；视而不见；阴谋"。这个概念也能够应用到外部世界中，但是在这里我们关注是内部世界，我们必须用共谋这个词的心理学意义，这个意义在字典里并没有。两个人并不需要背地里进行交谈，为达到欺骗的目的而达成一致，他们可能没有联合声明，也没有一起窃窃私语的阴谋。然而，当一个人与另一个人共谋了，他们两个都会对情感的不诚实感到内疚。让我们看一个共谋的例子。

有一对结婚十年的夫妻，他们有两个孩子，虽然他们过得并不快乐，但他们找到了一种方式让这个家维持下来。妻子首先感到了不满，决定重新开始实验室助手的工作。在那里，她遇到了一位同事并爱上了他，她鼓励他把家中的妻子带出来定期共进晚餐，并且最终这四个成年人每年都一起去度假。

她的丈夫模模糊糊地意识到他被操纵着进入这个亲密聚会的共谋中，他感到受伤并有点怀疑，但是他仍旧天真地和这个一眼就能看穿的游戏在一起，因为（几年以后）他也对一个同事产生了幻想。对他而言，秘密地进行婚外情比较合适，猜想他的妻子也进行着类似的事情，虽然她继续保护着她的无辜。他们之间什么也没说，也没有关于这种情况的沟通，作为一个精神分裂的人格类型，他能够最大限度地分裂那种拒绝的感受，虽然他意识到自己在从其他地方寻找安慰来安抚他对令人失望的婚姻的悲伤。

最终，他妻子的完美计划遭遇了必然的失败。首先是在虚假生活的压力下崩溃了，她的实验室情人得了癌症，病得很严重，最后去世了。而这个没有长大的丈夫被公司裁员，找了个离家很远的工作，并且周末回到家时也不和她讲话，然后，他也感觉不好，并归因于中年被裁员的打击上。他也得了一种癌症，长期的压力在其中起了很重要的作用。

共谋在这个遗憾且令人伤心的冒险故事中也起到了很大的作用，这是一个真实的故事。如果伴侣已经发现情感变化，并且在早期的阶段就和对方沟通他们的情感，用冒险的争吵来替代压抑，那么巨大的失望和绝望本可以避免。这个丈夫（现在已经完全恢复健康，过着不一样的生活，并且进行着个人治疗）如此说："我明白当时没有挑战妻子并谈论我们的处境是多么的幼稚，我的行为看起来像个青少年——无知、自负——错误地认为我满足了自己的需要，沉默比面对婚姻中发生的问题更容易。"

《C 型连接：癌症和健康相关的行为》（*The Type C Connection: The Behavioral Links to Cancer and Your Health*）是一本由美国心理学家莉迪亚·提摩萧（Lydia Temoshok）和亨利·卓尔（Henry Dreher）合著的书，提摩萧在书的序言中问了这样一个问题：

情感和行为会影响我们得癌症的风险或者影响我们的康复吗？经过历时 10 年的研究，我确认了一个特殊的行为类型，我命名为 C 型行为[注]，它真的能够转变癌症患病的风险和康复。我的研究结果汇集了其他发表的研究成果的数据，发现了一个十分引人注目的图片，关于大脑能够影响癌症的发展……在过去的几个月，我和许多患者谈了好几个小时，我在他们中间发现了一个显著的且非常特定的行为模式。我得出一个让人感到紧张不安的事实，那就是所有的患者都是非常和蔼可亲的。

提摩萧发现他们不愿意使他人失望；致力于取悦他们的配偶、父母、兄弟姐妹、朋友或者同事。他们的确切身份看起来完全依赖他们生活中重要他人的反馈和接受，"他人导向的"并且自我否定的，处在一种未发展的自我的感觉之中（"我是好的，我担心的是我的妻子和丈夫"）；而不会跟自己原始的需要和情感联结，他们从其他人那里获得信号以决定如何想、感受和行动。

[注]译者注 C 型行为是指容易使人患癌症的心理行为模式。

不健康的四人小组

前面讨论的那位丈夫，与他妻子的操纵性计划共谋，从而更多看到她的情人，很显然是掉进了这个小组；另一个丈夫也是如此卷入的，这个丈夫不为人所爱的妻子是一个酗酒者，但是他不愿意和她分手（另一个共谋行动）因为他喜欢家庭日常生活的安全感，尽管伴随着酗酒行为。当然，这个共谋的案例中，在不健康的四人小组的持续中两个男人的部分并不总是意味着对灾难的一种准则。其他的伴侣会设法在共谋情景或安排中存活下来，并且出现了更强烈、更明智的情况（更多的内容在后面阐述）。但是回到提摩萧上：

> 很多因素影响着意愿、敏感、抵抗防御的效力。我们的基因是影响免疫力的首要影响因素，环境影响着免疫力和我们的饮食习惯。现在，一个新的研究领域，神经心理免疫学领域的研究告诉我们，我们的行为类型和意识状况也影响着免疫系统。我们有了科学的证据证明，意识在我们有生命的自然的防御活动中起着重要的作用……简单地说，这个联系涉及脑部的神经递质和神经肽。这些化学物质是真正的情感的化学载体。神经递质是通过神经细胞来工作的，并且当这个情感在我们的身体里被唤起的时候，它们通过整个脑和身体来影响其他的细胞，从而引起所有类型的生理变化。

这里一个非常重要的观点，就是支持丈夫自身的有洞察力的反省，这个观点来自提摩萧的研究，这个研究是关于为什么具有 C 型行为的男人和女人经常会生病。她坚持主张患者几乎没有意识到他们的 C 型行为；即使他们意识到了，也不会把它当作心理障碍，或者可能影响他们的健康。他们没有意识到他们能够改变行为，这些行为是无意识的，并且不是故意的。随着进入心理治疗，他们慢慢地理解了自己受伤害的模式。她补充说：

> 一旦开始改变的过程，大多数 C 型行为的患者便原谅了他们过去的错误、模式、感受或者关系，这些是他们曾经感到羞耻的。他们意识到他们的模式是多么的根深蒂固，他们对模式带来的坏影响是多么无知，以及要改变它有多么的困难。他们借用劳伦斯·莱尚（Lawrence LeShan）的一句话，"为他们自己的每一部分给予残忍的和温柔的关心"，尤其是为他们内在的孩子，这些内在的孩子为了家中的和谐，压抑了自己的需要和情感。

这是一个有知觉力的观察，虽然这个观察是关于健康的，它是这个治疗关系主题的核心。在关系治疗中，早期的情感扭曲和压抑被看作成年后心理崩溃的原始基础。因为在我案例研究中的两对伴侣，他们的伤害都是源于早期的抚养，他们发现自己不能或者不愿意指出目前的问题，而愿意使用权宜之计和熟悉的、隐蔽的方式。几年以来，这种张力无疑会引起不健康；可怕的代价（虽然遗传倾向还在决定因素的首位）本应该是可以避免的。

巴巴拉·布洛姆菲尔德提供了另外一些健康问题的观点，这些健康问题发生在一些功能失调的关系中。她报告说：

有一些伴侣设法在一起好好相处。比如，一个人可能变成另外一个人的照顾者，这个情况很适合他们。我们经常看到身心失调的出现。从系统的角度来看，这个疾病起着一种稳态机制的作用，以保持事情按它们自己的方式运作。一个妻子可能会说："我知道我是不幸的，但我只能在心理默默地抱怨（或者其他）。"这是她抑郁或者发脾气变得可以忍受的方式，从而影响着夫妻二人。

别 无 选 择

Lara，是西雅图三个孩子的母亲，她嫁给了一个成功的美国商人，他给家人买了一座大房子，有六间卧室，拥有私人乡村俱乐部的会员资格，并且拥有很多人都会妒忌的富有的生活方式，实际上，女性朋友可能妒忌 Lara，因为 Jim 每天晚上都会回来，要求他的小女儿（都在四岁以下）在床上拉起帘子，以便于他能够在晚上单独和妻子在一起。

Jim 不喜欢每天茶歇时间之后打进和打出他们家的电话。如果 Lara 接了一个电话并且听到了车库门开的声音，她会立刻挂掉电话，因为 Jim 早就说过这类事最好离他远点：她能够理解，并且一开始就很重视，但是这种占有欲开始恶化。一旦他下班回来，就需要女儿们没有任何乱七八糟的迹象。当看到到处都是玩具的时候，他会很生气，即使他看到一个头绳在地上；他警告以后一旦这个事情再次发生，他会剪掉孩子的头发。这个事情发生过，而且他也这样做了。

　　Jim 对控制的需要潜在地破坏了 Lara 看穿它的能力。因此，为了保持和平，她和他的需要共谋了。到现在，Jim 的要求越来越多了，他坚持家务杂事不允许在下午五点以后做。他需要的只是坐下来和妻子一起看电视。如果她把家里的车停在车库的时候把轮子转向了右边，这将是一个错误；如果转到了左边，同样是个错误。前门的钥匙要挂在这个而不是那个钩子上——她怎么能如此随意、不可靠呢？ Lara 描述说，在这一点上她有着现实的扭曲感，她十分害怕正在失去自己的意识：

　　"到目前为止，我也开始意识到，他正在使女儿们对我不尊重——她们怎么可能不这样呢，如果她们听到父亲所说的话全都是这样的，如果我'行为检点'，他怎么可能对我如此发狂。或者，如果我不是如此的愚蠢，他也就不必持续地纠正我了。我开始认为，他一定是对的。然后，一天晚上，我们到一家餐厅吃饭。Jim 无休止地抱怨饮料、饭菜，最后，这个经理给了我们赔偿，并且叫我们永远不要再到那里去。"

　　"我经常听到陌生人说'她怎么能忍受这一切呢？'，但是我仍旧没有勇气离开他。我只是不去意识到我有离开他的选择。我们每两年搬一次家，以至于我跟我自己的家庭隔离开来，并且不能够保持友谊，就在我最需要他们的时候。在我 40 岁生日的时候，我的孩子们在车里，Jim 不让我进去，我不断地坚持，而他已经开出去一段了。我开始大哭，仍然在继续追车，他继续往前开，同时孩子们也在哭。Jim 认为整个事情很好笑。"

　　Lara 经常想到自杀，她最终为她和女儿们收拾了行李，并且搬到了一个老朋友那里住。她花了一年的时间准备她的逃离（正如她所实施的），但是她没有告诉孩子们，因为她害怕，如果 Jim 了解了她的计划，他将会自杀。当 Lara 开始心理治疗的时候，她承认了对 Jim 的担心。治疗师非常惊讶，说："Jim 会杀人而不是自杀。你最好非常地小心。"

　　离婚的时候，法官判给了她全部的抚养权，并且不允许 Jim 探望，这些孩子们好多年没有再见到她们的父亲。她和她的孩子们在这个介入期间进行了强化治疗，并且发展了一些技能，这些技能是 Lara 在婚姻中对付 Jim 时所期望拥有的。正如 Lara 所说："他没有像曾经对待我那样对待她们。简单地说，她们不允许他这样。那是多么困难的一件事，让我意识到如果我之前更聪明一些，更勇敢一些，我应该已经避免了这些。"

　　通过两年的心理治疗以后，Lara 感到她进步很少（"我太累了，太害怕了"）。她意识到她仍旧害怕 Jim 并且厌恶自己和丈夫共谋的懦弱。但是有一天，当她和治疗师讨论二女儿最近对她的威胁的时候，她突然大发雷霆（"我的治疗师 Hank 当然十分兴奋！"），并且她已经发现了需要的突破。她发现了治疗的价值并且决定坚持，虽然她年长的治疗师快要退休了，但他推迟了退休（正如他后来承认的），因为他想非常专业地看到她完成她的治疗工作。

物 质 依 赖

当 Cordelia 在一个酒会上遇到 Simon 时，她被这个高大的、有力量的异性强烈地吸引了。他们两人都已婚，然而他们都发现在婚姻关系中的缺憾，这些足够使得他们立刻决定离开他们的配偶。Simon 的妻子定期给他戴绿帽子，他下定决心就像她频繁去商店买新衣服一样，频繁地寻找情人。另一方面，Cordelia 跟一个比她年长很多的男人结婚很久以后，她觉得自己作为一个女人的需要没有得到满足。她和 Simon 在一起能够互相获得安慰是必然会发生的事情。

他们在 Cordelia 优雅的房子里建立起一个家，这个房子是从她年长的丈夫 Alistair 那里买的，并且合同上写的是 Simon 的名字。在那些天里，他们花了大量的钱；Simon 是一个富有的男人，并且 Cordelia 的丈夫感到安心，因为 Cordelia 的丈夫为妻子有一个舒适的日子而感到安心。因此，他们之间不存在财务结算。然后，Alistair 再婚了。

再接下来的几年中，为了等待 Simon 的离婚，这对情侣面临了许多的危机，这些危机主要因为 Simon 的精神分裂症的人格特质这一事实所激起的。无论什么时候，他总感到自己处于感觉到的攻击之下，他会退缩到他情感的硬壳中去。Cordelia（精神分裂症/歇斯底里病的伴侣关系的主题在第 4 章里有描述）变得非常疯狂，企图把她的男友带出分裂的状况。她越是企求他去记住她既不是他控制的前妻，也不是他的不敏感的、没有爱的母亲，他就越失望。他的成人小孩经常痛苦地、粗鲁地对待她，然而他在这种情境下并没有给 Cordelia 以支持。

"当这些发生的时候，如果他尽力防卫我，我的感觉是他非常害怕失去孩子们的爱，他不能真正地认为自己有价值，告诉孩子们应该关心他的幸福，并且不能再粗鲁地对待我。他渴望得到她们的认同，并且非常小心翼翼地通过和我结婚使我们的关系变得永久，虽然他知道她们多么憎恨这个想法。我开始深深地感到我的地位不稳定。然而在最后我们真的结婚了。在两三年的时间里，虽然他因为工作经常离开，但是准确地说，我们在一起过得很好。后来，他的公司有了麻烦，为了能努力地把公司拉回正轨，Simon 抵押了我们的房子——我的房子，因为我曾嫁给 Alistair——他坚持认为抵押房子是唯一的解决办法。我非常地生气。"

Simon 又一次钻进了他的硬壳，他几乎不承认 Cordelia 失去房子的悲痛，如果他的公司破产了，她真的可能失去她的家。曾经对 Alistair 的物质依赖使她意识到在 22 年前离开他之后自己一无所有，没有住宿、没有工作，如果离开 Simon，她几乎没有钱生活。"这是一个非常令人恐惧的情况，但是我对自己说，我要制造自己的床并且躺在上面。而且我仍旧希望 Simon 带着情感回到我身边。

与 Simon 在一起是一个权宜之计。这里是一个 60 岁的女人，面对着年纪的衰老，和一个日益清楚地显示在潜意识里既不喜欢也不信任女性的男人。他曾经相信的两个人都背叛了他（母亲和前妻），他现任的妻子是第三个女人，他在她的身上发泄他童年的愤怒和恶意，表面上看来至少是他生意上的压力带出了他自己内心深处的不安全感。正如我们之前所看到的，激发长期埋藏在潜意识中的创伤需要冒很大的风险。Cordelia 在作战的最前线。

一年之后，她提出离婚，给她和 Simon 不安稳的生活画上一个句号。所有的希望都破灭了。她想办法走出了悲惨的现状，用足够现金买了座小房子，自此生活节俭，远离了她几十年来富裕的生活。今天，Cordelia 能够更加明智且坚强地面对她痛苦的经历，治疗师已经帮她面对痛苦（"我对 Simon 表示哀悼——他在生活中缺乏快乐，即使他有很多办法分裂以避免痛苦。"），并且她正在寻找着未来有更多情感回报的有益的关系。正如心理医生温·布拉姆雷（Wyn Bramley）在《神魂颠倒、令人不安、令人困惑》（*Bewitched, Bothered and Bewildered*）中说：

回忆过去不能改变过去，但是可以面对过去的损失和伤害，可以哀悼，并且可以安葬。结果，未来的关系不再妥协，让过去的记忆来承载。他们有一个非常好的生存希望；不仅仅是因为他们更少地被期望，而且因为通过处理过去的创伤能够有益地影响伴侣做出恰当的选择。

这的确是真正的 Cordelia，她至少能从现实的角度看待她与 Simon 长期的纠缠和婚姻。她坚决地走向其他的关系，并且发现了幸福，不再背负过去的痛苦记忆。然而，获得这种全新的状态并不容易。

正如 Cordelia 回顾她与 Simon 挫败的生活，她意识到这会严重伤害她的自尊。"他和我在一起，我提供了一个有爱的生活方式，而他自己却选择不接受这样的生活。我有时感到自己是一个麻烦的人，以至于他在两者之间犹豫，一方面要跟我在一起，另一方面他要取悦他成年的孩子们。他的孩子们是他人生中唯一不变的——正如他感知到的——也许他相信这是他唯一能信任的人。他卖了我们的房子，尽量去抢救他的公司，就是想让他的孩子们高兴。所有这些都是令人伤心的。"

正如布拉姆雷所说：

中年抑郁症非常常见，并且几乎总是与希望破灭、浪费时间、浪费机会关系密切。如果我们想在心理上感觉幸福，我们总是希望搞清楚我们的生命，发现生命的意义所在。你可以在整个成年期爱某个人，但不会特别的了解他，直到他们开始感到不安，或者在中年退缩，或者在你们的婚姻中期退缩，他们没法告诉你哪里出问题了，因为通常他们并不了解自己。

当共谋起作用的时候

Barry 和他的伴侣 Eva 为他们拥有世界上最好的东西而感到骄傲，作为 Barry 对婚姻付出的回报，Barry 被允许偶尔地公开和任何漂亮的女人调情，当然，前提是这个女人也愿意跟他玩同样的游戏。Eva 确实有时候感到妒忌（她的丈夫有着致命的诱惑），但她只是迫使自己独自提前离开晚会，或者比他希望得睡得更早，这依然是一种沉浸在其他地方的方式。第二天，她得到了他的赞美，通常她会取笑 Barry 调情方式是"Barry 无害的乐趣"。表现出成熟的假象，离宠溺的"好妈妈"并不远，这种方式适合她的好婚姻的观点，当然也适合 Barry。

Eva 把他和其他男人的妻子或女朋友的行为看成无害的。她猜这是某种持续进行的测试，用来测试他在男性竞争领域中的吸引力，但是当他说他从来没有让挑逗升级时，她相信他。他爱她，并且不断地这样告诉她，当她没有化妆、做发型，或者没有穿上漂亮的衣服但看起来也挺好的时候，他总是很高兴。他奉承地把她看作比所有其他女人都要好的女人，他选择与她生活在一起，他与她在一起的时候，他的行为从来没有以自我为中心；当她看起来很土时，他同样会称赞她，这样会确保更少的机会出现倾慕者。他希望这游戏严格地按照他的规则来进行。

这个易被识破的伪装进行了很多年，从来没有打破婚姻的平衡。

看起来这个共谋起作用了，即使有很多自我欺骗。毕竟没有任何伤害发生；他们仍旧很快乐地在一起。十年后，一个以前邻居的女儿在去一所新大学的路上拜访了他们，Barry 很喜欢她的陪伴，分离的时候拥抱了她，并且情不自禁地把手放在她的胸部上，挤压了几下。这个女孩什么也没说，完成了所有的告别仪式。然而在一周之内，Barry 和 Eva 收到了一封愤怒的邮件。在治疗中，Eva 说："我们很吃惊！我的意思是，Barry 并没有任何伤害她的意思，仅仅是开一点儿玩笑。为什么会有人用这样一件小事情来打击我——这明显只不过是一个友好的玩笑！"

我反馈说，这个年轻的女孩并没有把她丈夫的行为当作是玩笑，她看上去是愤怒且沮丧的。她也曾经说过她把这些看作是一种攻击，是一种犯罪性质的冒犯。她指出他不仅仅侮辱了她，而且侮辱了自己男主人的角色，还侮辱了相信他的前邻居。Eva 现在是如何看她丈夫的呢，她毫不犹豫地回答道："我对这个女孩感到不满，实际上——她自负地责备他，而他仅仅是用友好的开玩笑的方式接触她而已。当我看到他这样做的时候并不觉得是坏事，我也不为此感到担心。"

用一生的时间和一个自我放纵的丈夫共谋，已经使 Eva 整合的个性走向破碎。因此，她装载着自我欺骗以至于她看不见他们的客人身上发生了什么恶性事件，以及他们先前长期的关系。Eva 现在已经被包裹在否认之中。正如沃克在《幸存的秘密》里所说：

否定和抗拒是非常有力量的心理组成，无论是在社会的个人层面还是集体层面。如果信念和价值观系统任何一个受到了威胁，这两方面的防御便会强烈地发生作用。虐待可能会被否定，而事实上也是被否定的，被那些实施虐待的人或其他人否定。虐待者否定他们行为的能力是令人吃惊的，即使当他们面对不容置疑的证据的时候。

因此，共谋不会摧毁 Eva 和 Barry。正如布洛姆菲尔德看到的："有一些伴侣在一起，是因为虽然他们不会有非常快乐的模式，但是他们已经让他们的关系开始运作。"她又说：

总的来说，什么是理想的关系呢？真的有人有这样的关系吗？亲密关系、爱、性、允许安全地做你自己，能够离开基本原则去做些事情而没有让别人感到妒忌（比如说，为生意而分开，或者不同的休假目的）——当然我们可能会说那样足够好吗？

疗愈之道 ·

正如我们反复看到的一样，当他们在关系中面对意想不到的困难和危险时可能会感到痛苦和困难。那些有勇气去面对并和它们做斗争的人是这样的一些来访者，他们表现出所有更强的体验；他们已经明白了他们的痛苦是如何被引起的，以及为什么会被引起。有一些人会彻底地选择新生活，其他的一些人宁愿努力去保持现状，无论对他们性格的整合有多大的代价。治疗师的工作不是迫使他们改变，而是在任何可能的地方去促进新的思考方式。

虽然在心理学的文献里几乎没有讨论过，共谋是在任何关系里都有害的元素。它可能在表面上看来是保持婚姻的很好的方式，但是这个伴侣关系建立在欺骗的价值观的基础上，并且可能会隐藏着对精神健康的威胁。一种方式行得通，可能对另一种方式就潜藏着危害。通常，只有当一个共谋的受害者或者权宜之计的伴侣走向心理治疗时，才能打开心理欺骗编织的网；但是那不会总是成功。

咨询师或者治疗师如何指出共谋的问题呢？首先，需要识别在伴侣中的圈套。在 Eva 的案例中是显而易见的，她把关注焦点指向那个无知的年轻学生，我们可以看到，她仍然从好的一面看待丈夫。这样做确保了她的情感安全的位置，被一个男人爱着在她认为是最好的。他们像一个人一样思考，看起来无懈可击。

治疗师的任务是不断地质疑她的推理，也许是温和地挑战她的固执，提供一些其他的方式来看待当时的情境。在某个层面上，Eva 将会知道担忧是有原因的。共同的相互依赖（正如他们在婚姻中一样）为自我欺骗和错觉提供了肥沃的心理土壤，每一个伴侣支持另一个伴侣以满足他们自己的需要。我已经发现这样的探索有助于开始一个把严重的依赖问题分离出来的过程：探索他们童年期与照顾者的关系（不得不取悦相关的照顾者）。

只有当来访者准备好思考他们自己并开始质疑他们自己真正的需要时，他们才能检验生命中真正需要什么。无意识地，他们可能会因为被迫使着，被其他人控制着进入了共谋（或者权宜之计）而感到愤怒；在孩童时代，他们的服从是因为没有其他的方式。

对大多数人来说，迎面对抗的风险太大，以至于不能够深思熟虑，因此，他们和来自伴侣的恐吓策略共谋，不管是通过怎样的伪装。使用格式塔的方法（空椅子技术）去对他们想象的父母或伙伴对话的方法证明是有效的；或者表演出这些人物，有希望地去点燃在心灵中被镇压的剩余的愤怒。通过邀请来访者想象一个典型的剧情有时候也会有触发效应，如果他们已经表现出他们的伤害或者难以控制的反叛，可以问他们"接下来会发生什么？"那么就可以用新的显现出来的资料进行工作了。认知的方法在这样的工作中非常有价值。如果在一些合适的点上治疗师能够按他看到的来解释这些观点，这对来访者来说也是一个很好的机会去看到真正的观点。比如说："我想知道你是否感到在某种程度上 Barry 不需要你，因此你相信他的每一句话？如果他持续地向你确定他的爱，他就不太可能被你抛弃。他表扬你特别聪明能够领会他深层的哲学观点（顺便说一句，包括把对新衣服和口红这些必需品的需要说得一文不值）。这些你真的感到是对的吗？不对吗？那么，在这个时候如果他在这个房间里，你想对他说什么呢？"

待在一个被虐待、操控或者无生命力的关系中，可能会导致不快乐的伴侣不健康。这是一个敏感的问题，但是对治疗师来说是一个重要的必须记住的问题，应该在随后的治疗过程中继续确认不健康的停滞。尤其是如果来访者表达了对某些症状的关注的时候，咨询师要指导来访者向全科医生咨询症状意味着什么。

在下一章也就是最后一章，我们发现一些长期存在的关系，这些关系运作很好并且持续充满生命力，沟通和自我觉察使得他们轻松地渡过了痛苦。

第 8 章

Relationship Therapy

执子之手，与子偕老

当今时代不论老少，人们都会遇到更多的机会和诱惑，一旦发现状况不对，（不用过多地考虑）就会换一种新的选择。人们已经不愿意（也没有必要）去忍受痛苦或折磨，然而如果没有痛苦的历练，就很难有对生命的深刻体验，不会获得成长和发展的机会，也不会创造出属于自己的独特人生，那才是真的悲剧了……

在我还是新闻报道的新人的时候，新闻编辑部里流传着关于采访金婚夫妻的说法：他们被采访时总是会告诉你他们 50 年婚姻中保持开心幸福的秘诀，那就是互相迁就。现在看起来的确是这样。这个简单的态度的确在最成功的关系背后起作用，所谓最成功的关系就是一个联盟，某种平衡能够在其中达成和维持。而那些农村老年人为了达到这种令人羡慕的满意，经历了遇到压力时的痛苦情感和绝对艰苦的工作。

当最后选择这些案例中请谁做访谈的时候，我从最意想不到的资源中发现了材料中的鸿沟。有些人只有在非常努力之后才能让他们的关系生效，那些想知道他们如何才能忍受下一天或者下一星期的人被他们的伴侣关系导致的苦恼所禁锢住，两个男人在他们分手之前找到了解决源自嫉妒的看起来无法克服的问题，一个旅行作家意识到如果她和丈夫再吵架的话也许会导致他们两个都不希望发生的灾难性的变化。

这些故事的共同主题是，和谐总是很难达成，互相迁就的价值证明了约束力，以及和谐的状态是对他们之间承诺的奖励。也许一点也不奇怪，我们反思之前章节的内容，次人格、遗传性的错误思维、破坏的童年、创伤、神经症等问题都有可能影响人们对成人后的经历的态度。

尽管存在所有这些因素，多数夫妻还是选择维持关系而非分手。关系是复杂的，它们的成败取决于很多因素，既能因为难以下定义的原因起效又能因为非常不重要的原因而失败。这本书的目的在于试着指出导致关系失败最可能的原因，并为治疗师提供指导。然而，它无法解释为什么有些夫妻不用或者不需要专业帮助就解决了他们自己的问题，甚至咨询师和治疗师在生活中遇到这些问题都无法很好地解决，但是他们却成功了。

我们这个时代的精神

我们现有的夫妻状况中有些惊喜，有些失望，但也有反映大多数人愿望的持之以恒。然而我们不能否认的是 21 世纪的确也在不断地向我们展示一种不同的模式。不论老少，人们都会遇到更多的机会和诱惑，一旦发现不太合适，就会考虑改变。今天的人们觉得状况不对，（不用过多地考虑）就会换一种新的状况。布洛姆菲尔德指出当下盛行这种心态的内在危险：

在关系中，我不会告诉来访者关系应该是怎样的，而只是告诉他们在进行下一步之前先看看自己现在拥有什么。人们总是迫不及待地接触新事物，这是我们这个时代的精神。我看到那些告诉我他们复杂生活的孩子们，他们已经不再知道自己是谁了。一个年轻人会告诉我"去年我有自己的卧室、自己的一条狗，然而现在我住在另一套房子里，和一个新的继姐妹（stepsister）住在一个卧室里，因为她对狗过敏，我必须把狗送走，而且我再也没有见过我的爸爸（妈妈）"。如果我们考虑依恋需要，也许我们要先考虑人们的相互依恋是多么奇妙，考虑他们的家庭组成多么复杂。

布洛姆菲尔德和她丈夫 Ben 在一起生活 30 年了，他们很享受在一起的快乐日子，也一起克服了困难的时光。就像她说的那样，他们的关系持续拥有潜能，因为他们在智力上是匹配的，且有同样的文化追求。当发生争吵的时候，他们不会说"哦天哪，这话你说多少遍了"，而会说"你所说的话确有所知且很重要，但是我好像没有弄明白你的意思"。

她补充道："尽管很多人结束了关系，因为他们互相受够了，不想再住在一起甚至在一个国家，但是我们之间思慕和发展的感觉让我们继续走了下去。在这种情况下，我们也许会建议他们分开一星期出去见见朋友。他们需要的是彻底的分开，而不是若即若离的陪伴。"

当心理治疗师理查德·海克纳第一次见一对有冲突的夫妻时，他说出了可能导致他们不快乐的三个因素：联系缺失、失望和理想破灭。他称为"责备的游戏"，治疗师遇到这种僵局的时候必须要对之进行逐步的降级。他向来访者指出，处在伴侣责备影响下的来访者会在无意识中声明："你和我的联系并不如我所希望的那样紧密。"责备是打断交流的恶性循环中的一部分。在英国2009 年的一个与治疗师的研讨会中，他补充道：

问问自己，责备背后是什么？夫妻一方伤害和被伤害背后又是什么？这样的提问可以帮助修复两人的关系。问问自己使人们陷入困难的模式是什么？不要先看个体，再把个体当作夫妻中的一部分：我会告诉每一个人，这里没什么秘密，因为在这房间里的三个人中，所有的信息都是共享的，没有什么好保密的。对夫妻双方来说调和都是非常重要的，这样任何一方都不会被吓跑。因为治疗的艺术就在于你是否足够关注双方（是否足够关注 Mary，John 是如何处理这件事的），所以你要谨小慎微。孤立任何一方都是很危险的。让你的直觉发挥作用，让你对于事态发展的感觉引导治疗疗程。

海克纳继续指出一段完美无瑕的关系很可能反而不会亲密；来访者必须相信自己，小小地冒险一下，之后他们才可以更加愿意为下一步建立有创造性的事情而冒险。人们总期望自己的伴侣改变，但其实我们能改变的只有自己，而恰恰只有我们的改变才能带来伴侣的改变，这就是现实中的悖论。

三 角 关 系

60 多岁的 Justin 在某种程度上可以说很符合海克纳所观察到的普遍描述。Justin 多年来处在与 Miranda 和 Owen 的三角恋关系之中。Miranda 无法专一对待某人，这让 Justin 感觉到他想和谐的唯一希望，在于改变自己对于这种似乎是没有希望的状况的看法。他发现自己处在一种"开/关"的生活规则之中，他陶醉于能与她独处的快乐中，却残酷地了解到她的另一个爱人，Owen，过一会儿就会到来。他痛苦地退出了，他无法让 Miranda 清楚地看到这种三角关系不会也不可能会给予她持续的快乐。她这样说：

"我曾深陷 Owen 的情网，作为一个有两个孩子的单亲妈妈，我非常高兴 Owen 能够进入我的生活。我和孩子都觉得他很棒，我很想他及时对我做出永久的承诺。而他却支吾搪塞、不置可否，让我看不到和他的未来。但是尽管如此，我感觉到陷入这个网中了，我对 Owen 很着迷。在那段时间里，我遇到了 Justin。虽然我享受与他亲热，与和 Owen 一样，但是我还是不能克服对 Owen 的迷恋。"

Justin 很痛苦地离开了，尽管 Miranda 写了很多封忧心如焚的信，但他再也不和她联络了。他试着和其他女人建立关系，但是他的苦恼依然没有消除。与此同时，Miranda 参与了心理治疗。她说：

通过治疗我知道自己无法相信别人，经常认为自己遭到背叛。也许我对 Owen 有恋父情结，但是我从未真正探索自己缺乏信任的背后是什么。也许我现在和 Owen 的状况和我 14 岁时被住在家里的某个人诱奸有关（我非常欢迎并在接下来的 15 年里保持了这种关系）。他诱奸了我，因此这种模式在不断自我重复。但我认为，在这背后是两个男人对我的性渴望实现了我的自我价值。在很长一段时间里，他们对我的渴望鼓励了我的斗志。

在她的治疗师的帮助下，她认识到她和 Owen 没有前途，于是停止了和两个男人的关系。为了送她的孩子们去 Justin 女儿重视的学校上学，她搬到了内地居住。他俩就住在同一个村子里，几乎像邻居一样多次见面。

Miranda 不再需要寻求三角关系中的刺激了，因此平静地适应了乡村生活，并且很高兴和 Justin 重新联系上。这么多年 Justin 也放弃了想改变她的绝望想法，这促进了她的心理转变，之后治疗解决了剩下的问题。这三个人觉察和理解之后都各自求助于治疗师，之后作为一个三人工作组思考他们各自的行为模式。Miranda 总结如下：

Justin 和我十年前结婚了，因为我们都希望庆祝我们在一起的这个事实，我们和孩子们及他们的伴侣，以及我们的朋友在家里举办了一个可爱的婚礼。差不多 20 年里，我被 Justin 的爱所滋润。我过不了多久就 70 岁了！到那时候回顾多年前的活力旺盛，一定会记忆深刻。我认为性能量驱使 Owen、Justin 和我做了如此疯狂的事情。性能量创造动机，但是实际上却不简简单单是性的问题：我的缺乏信任让我陷入同时与两个男人发生关系之中无法自拔。其中有许多爱，也许为我们每天的生活增加了热情。

他们自己的解决之道

Miranda 和 Justin 通过自我探索和反思帮助自己和对方过上了非常圆满的生活，尽管他们为了达到情感成熟和相互满足花了大半辈子的时间。但是对于 Eddie 和 Arthur 这一对，寻找和谐的困难意味着找到一种乍一看与之前讨论的原则相矛盾的解决方法。他俩现在觉得自己的状态是最舒适的，而确保有第三者偶尔参与他们的同性伴侣关系也让他们感觉到安全。Arthur 说：

"身为男同性恋者压力很大，特别是在我所出生的苏格兰。20 年前与之妥协的历程并不容易，那时我看遍苏格兰所有的同性恋酒吧后对自己说，'如果试着寻找自己的另一半就是我下半生的结果，那我还不如死掉算了'。但后来我来到南方，认识了 Eddie 并与之相爱。我们的大学专业和训练让我们在成为爱人的同时也成为相互补足的工作伙伴。所以我们开始了代理业务工作，一起努力经营，结果很成功。在这之前，我们各自经常因外出而分开，从而对对方都产生了不信任。现在我们工作生活在一起，我们互相都知道对方在想些什么。"

Arthur 和 Eddie 之间存在吵不完的架的原因是同性恋世界中充满诱惑，年轻和美貌是不稳固的同性恋世界中发生快速性征服的关键标准。岁月让出轨的风险越来越大，但是两个人都意识到当自己或对方发现的时候，潜在的摊牌不能使分别和过去的快乐价值对等。

他们考虑过像别的许多同性恋情侣一样建立一种开放的关系吗？
"不。但是我们也觉得一夫一妻过一辈子是挺可恶的。如果我们想避免争吵和嫉妒的痛苦，那我们会有什么其他选择吗？然后 Eddie 说如果我们希望其他人加入，那必须仅仅是消遣而已。要么一起享受快乐要么根本不要这么做。"

两人的生活进入了新的时期。他们住在一个活跃的同性恋社区里，去去城市酒吧，偶尔遇到一个他俩都喜欢的人就邀请他到家里。他们坦率地告诉他："这仅仅是消遣而已，你进入了我们的关系，但是必须按照我们的规矩来。如果不喜欢，门就在那里。"Arthur 和 Eddie 已经共同度过 15 年并且要继续下去，并且相信彼此深爱。他们的理论是："既然我们彼此拥有，为什么要考虑结束并找其他人呢？"为应对不忠猜忌带来的不安全感受，他们找到了这种办法，而且很有效。他们有一个秘密暗号（在肩膀上拍两下）来告知对方他不同意与新来的人约会；如果没有暗示那么性接触也会导致未来的情感纠缠，因此他们有一个严格的规定。Arthur 说：

> 如果我们认为这可能会破坏我们的关系，那么我会下最后通牒说："你必须做出决定，我还是他。"我们领悟到相信我们之间关系很好，同时我们也能领悟到那种包含我们可能分手的暗示，为了达到这一点，我们花了很多年。我们互相了解，彼此喜爱。亲密行为对我俩来说都很宝贵。我们的生活现在已经遵循着相互迁就的原则。我们关系的价值意味着，我们不允许

任何形式的事情来干涉，因为那会夺走我们的辛苦所得。可能
只有不可抗拒的东西才能影响到我们。

这对情侣都曾在不同的时间因为嫉妒争吵而寻求心理帮助。他
们各自参加咨询，并且都认为与专业人员对于各自问题的探讨帮助
他们学习了如何去沟通他们对对方的需求，从而帮助他们认识到如
何找到一种有效的解决办法，找到可以接受的策略。就像 Arthur 所
说："在我的家庭里，母亲基本不和父亲沟通，他们住在房子的两
端。所以我心存怨恨的时间比 Eddie 持续得更久，而这限制了我的
沟通。但是他能刺激我来讨论，这是件好事。"

这对情侣如何憧憬遥远的未来？"我们谈论过把我们和其他同
性恋朋友的资源汇聚起来，买一座有很多房间的公寓楼，让男生们
在里面居住。我们也许不会和已经有伴侣的朋友住在一起。我们希
望我们的侄儿侄女能来看望，因为我们老了之后肯定不会有儿女照
顾。"Eddie 说。

家 庭 主 夫

当自由旅行作家 Cassie 习惯性地打起背包，向窗户里的孩子们
挥别的时候，她的街坊邻居就开始担心了。她在离开和归来后与丈
夫 Ivan 在门阶上的亲热拥抱同样受到关注。邻居们很好奇，他们肯
定是吵架之后夫妻暂别，之后又和好，但他们持续了多少次啊？他

们在一段时间之后又会这样，仅仅是为了重复这样一个循环吗？由于这对夫妻基本不与邻居沟通，所以没人告诉邻居们 Cassie 的职业。直到有一天一个邻居揭开了谜底。"他们根本没有闹分手！"她惊呼，"Ivan 和 Cassie 深爱彼此。但是男的主内持家，照看孩子，而女的为旅游杂志和报纸工作，因此她要在不同时间出远门写东西。"

Cassie 在咨询中告诉了我这些，并和我讨论感受以及大家深深的误解。现在她 70 多岁了，已经退休，她忙于照看几个住在几十公里外的孙子孙女们。如果她带着背包离开家，那是为了给她女儿去帮帮忙，因为女儿的丈夫在海外服役。现在 Ivan 依然在她回来之后开心地拥抱她，但是没人能想到得到这样的热烈迎接是多么的难。没人知道在之前的 20 年里他们经历的痛苦和失望。这些挣扎是他们对家里人和朋友的秘密，更不乐意与治疗师说；这种想法也许有些任性。"我们可以自己解决"是他们坚持的座右铭。他们的确也做到了。

Cassie 解释：

我们有过艰难的时候和激烈的争执。Ivan 厌烦了照顾孩子，而我为了编辑工作满世界闲逛（他这么认为）。他为了我的未来放弃了自己的事业，成为一个家庭主夫，这也是我这么多次离家邻居看到的一个场景。那个时候人们希望男人外出工作而女人在家里操持家务。Ivan 和我很乐于互换角色，但尽管为了保证两个女儿对日常生活满意，我们做出了理性的决定，但我们两个都没有考虑这样的计划带来的心理危机。随着时间流逝，Ivan 因为他的地位缺失变得越来越郁闷。

妒忌并不是这里的问题。他们讨论过关于不忠的看法，都同意不会冒着破坏两人关系的风险去做出轨的事情。对于他们来说，Ivan 缺乏成就感是一个大问题：他的才能没有其他的施展途径，更没有其他出路能够让他离开家，放弃照顾正在上学的女儿。但是挫败感是他们越来越烦恼的关键因素。除了彻底改变家庭结构，改变自己在家庭中的角色，Ivan 看不到任何出路。Cassie 说：

> 我们认识到如果再进一步起争执也许我们会向错误的方向发展，发生我们绝对不想要的灾难性改变。所以我们开始为关系努力、交流、相互倾听、爱对方，对对方的痛苦宽容理解。最后坚持了很久，我们找到了和谐。现在我们满意了。我们必须达到古希腊所描述的在夫妻生活中欲望之爱之后的"交托之爱"的境界。

那么，当她和丈夫已经明白这么多之后，为什么 Cassie 还来参加治疗呢？原因可能和决心有关，与局外人确认他们努力的成果是否有效。Cassie 在第一次预约的时候就提出只是简单介绍交流，或最多几次质询而已。意识到这是一些准来访者说的熟悉的话（经常在焦虑和阻抗的情况下），我及时查了是否有时间以便之后她想进行长程治疗。后来我的担心多余了。Cassie 进行了少于六次的咨询。她从我这里获得了她所希望的确认。她微笑着，充满信心，快乐地离开了。

这个女人嫁给了善于把困难探讨得很彻底的男人，非常幸运地找到般配的人。由于情感上的冲击，失望和沮丧打击了他们 50 年，Cassie 和 Ivan 坚持到成为金婚夫妇。就像 20 世纪采访一对银发夫妇一样，他们一直互相迁就，对困难闭口不谈。

多年前的心理治疗或夫妻治疗是否让他们的生活变得更轻松？答案也许是"是的"，因为全面深刻看到无意识的世界是非常重要的。但这个"是的"有些模棱两可。Ivan 也许和 Cassie 共谋好了，因为他在自己的事业上面临挑战性的职业障碍，所以更愿意待在安全的家里做家务。这样的共谋可能最终导致了他来自低自我价值感的郁闷；压抑是最可能的表现，它压抑了对妻子和自己的愤怒。但是他们已经靠自己熬过了痛苦的困难，就像 Cassie 在简要介绍时证明的那样。我在这里想起了那句老话"如果它还没坏，就不要修理它"。他们的关系从未破裂；他们每次把自己拯救出来并变得更好。毕竟，也许有时候治疗的介入并不会自动地体现其可行性。

他们会成功的

荣格派认为，达到心理的成熟或个性化的途径很多。我们看到很多人在专业帮助下获得心理成熟，也看到其他人在没有治疗帮助下达到了类似的结果。如关系治疗里的巴巴拉报告的那样，关系中的满意依赖于夫妻间的满意水平，这是一种 21 世纪稀缺的品质。关系治疗师说他们 2/3 的来访者表示想保持现有的关系。巴巴拉说：

"成千上万的案例里，人们总是想方设法不分开，我表示非常惊讶。即便看起来他们已经很痛苦，但是他们最可能做的还是维持不分开，维持稳固的对象关系。我问他们：'你们还想在一起痛苦多少年？你能忍受继续这样下去吗？那你自己怎么办？'我们很多人在生活中妥协，有些人使他们的关系运作得非常精准，因为他已经制造了共谋的工作。而当有些人开始养育孩子，和伴侣友善地居住在一起时，他们会有意地抵制自己的教养，甚至会反着来。所以，我不会管 21 世纪带来的变化和选择，我对未来抱有很大的期望。"

疗愈之道 ●

之前我们花了很长时间讨论过很多领域，包括无意识、我们隐藏的控制者、次人格、同盟、恶魔和神经症，而我的愿望就是让读者理解以上因素是如何影响关系的品质的，理解我们能否应对这些问题；同时如果我们选择透过表面去看，能够找到更为深刻的理解。

我们以一个虚构的故事结束本章。佛教徒严肃地对一对即将结婚的新人说：婚姻过程中有三枚戒指（ring），即订婚戒指、结婚戒指和痛苦戒指（suffering）。在这个时代，当人们不再需要铂金项链的时候，我们知道，"痛苦"要开始成为婚姻的全部了。然而，如果没有痛苦，我们可能不能学会理解，不会获得成长和发展的机会，不能战胜可怜的小概率，不会有改变的希望。实际上，我们可能不会和任何真实的物质有联系。

那就悲惨了。